아버지의 자전거

윤창현 시집

문학공원

국립중앙도서관 출판시도서목록(CIP)

아버지의 자전거 : 윤창현 시집 / 지은이: 윤창현.
-- 서울 : 문학공원, 2013
p. ;　　cm
ISBN　978-89-6577-077-0 03810 : \10000
한국 현대시[韓國 現代詩]
811.7-KDC5
895.715-DDC21　　　　　　　　　　CIP2013024642

아버지의 자전거

윤창현 시집

문학공원

<자서>

새살 돋는 마음으로

초경하는 계집아이 같이
부끄러운 마음입니다

녹슬고 곪은 상처에 새살 돋는 마음으로
여기 한 권의 책을 엮었습니다
부디 이 문향이 널리 퍼져
시들은 꽃잎을 일으켜 세우는
아름다운 세상을 열었음 좋겠습니다

서툴고 투박한 필체를 곱게 다독이고
생명의 입김을 불어주신
김순진 작가님께 감사드립니다

2013년 12월

윤 창 현 올림

차 례

제1부 노래방 18번곡

3부 여름이야기

제4부 그대 그렇게 내게 오시어요

제1부

노래방 18번곡

우편함

아파트 우편함에 가득 쌓인 사연들
친필로 쓰인 사연보다는
돋움, 바탕체의 인쇄된 글씨
형형색색 물감으로 치장한 전단은 화려함만 있고
냉랭하게 버텨 앉은 수치는
겨울 찬바람을 닮았구나
수취인의 기뻐하는 모습을 떠올리던
골목길 빨간 우체통 앞에서
머뭇거리던 댕기 머리 여고생은
이젠 볼 수 없지만
갈바람과 햇살에 익은 노란 은행잎을 주워
시가 있는 책갈피 속에 넣어 사랑하는 임에게
가을향기 고이 담아 띄우는
그리움의 사연을 생각하며 우편함을
빨간 우체통의추억으로 바라본다

손수레

바람 빠진 둥근 바퀴에 앙상하게 남은 몸뚱어리가
행랑채 처마 밑에서 한가하다
어떤 날은 저 손수레에서 두엄 냄새가 나고
어떤 날은 갓 찧은 씰겨의 구수한 냄새가 난다
한때 둥근 인연으로 만나 서로 마주하고도 손잡지 못한 채
애절한 눈빛만 주고받는 사연
어쩌면 장날 이웃할머니 읍내 다녀왔던
온갖 푸성귀 파는 아낙네
남편 술주정 이야기에 안타까운 마음 정情인 듯 나누고
행길 가에 비슷 누워 높은 가을 하늘 잠자리의 유혹에
어지럼 타는 사랑노래 불렀는지도 모른다
이런 한가로운 보름달 오르는 밤이면
"우리 참 다정한 연인으로 살았지?"
그들만의 그윽한 대화를 달빛만이 내려와 엿듣고 있다

거창 격벽청야

거창군 신원면 내탄 촌락 골짜기 터엔
영령들의 억울한 세월이
시뻘건 몸으로 누워 있었다
갈기갈기 찢기어진 영혼의
핏물을 받아 마셨던 잔인한 세월, 부릅뜬 넋은
씨앗들을 품에 안아 키우고 있었다
작전명 '격벽청야' 눈과 귀를 봉한 반세기
해마다 울분으로 토하던 칼바람에
붉은 고사리가 피고 까마귀도 울었다
초가 이엉 쓰러지는 운명의 옛 집 뒤뜰로
기운 담에 기대어선 지게만이
그날의 아픔을 지켜보고 있었다

노래방 18번곡

운영 팀 이 과장
내미는 술잔 마다하고
부르는 노래 18번곡은
사랑은 또 온다
사랑에 무슨 미련이 그리도 남았는지…
임 바라기를 향한 마음 때문일까
어느 품속에도 정의되지 않는
그런 사랑 노래를 부른다

나는 불러야 할 시간이 되면
늘 머릿속에 담긴 생각보다
술에 찌든 노래책 제목을 본다
수많은 노래는 모두 너와 나의 사연
책 속 제목과 또 다른 가사는
위안이 되고 주인이 된다

노래방에 가면
적당한 취기로 행복해지고
불러도 미련 없는 나만의 18번곡
그런 노래 하나쯤 배우고 싶다

장터 풍경

"내사 요즘 같으면 잠도 안 온다"
새벽 댓 장부터 마신 막걸리에 취한
닭장수 최 씨의 한숨 섞인 푸념
이미 자신의 운명을 예측한 듯
울안에 갇힌 개들의 눈은 반쯤 감겨있다
어둠을 밀어낸 아침 해는
희뿌연 안개 속에서도 졸린 눈을 뜨고
거창 남강 옆에 자리한 가축 장은
걸쭉한 사투리의 입담들이 오고 가는 길손들을 불러 모은다
"할매요 아제요 이리 와보소"
옛 주인을 잃은 황소는 눈망울 속에 눈물만 가득하고
강물에 자맥질하던 철새 떠난 자리 갈대는
무심의 손을 흔들고 있다
돈주머니 가득 채우지 못한 아쉬움
국밥 속 뜨거운 국물에 말아 '후루룩' 삼키는 눈물과 한숨
내일은 더 나아질 거라는 기대와
기다림으로 넉넉해지는 시골 장터

청계천의 아침

새벽 별도 잠 깨지 않은 청계천 3가 뒷골목
상점 앞 버티고 선 전신주는 지난밤 뭇매를 맞았는지
옆구리에 붉게 물들어 있다
정 다방 김 양 굽 높은 구두는
멋으로 가린 짧은 미니스커트를 가끔 추어올리고
멀리 곁눈질로 지켜보는 땟국 묻은 러닝셔츠의 사내는
치맛단을 잡고 놓아주지 않는다
베어링 가게를 마주한 철공소
놋쇠를 두드리는 망치 소리는 비명에 가까운 소리를 지르고
눅눅한 바람에 밀리는 뒷골목
청계천의 아침 햇살은 높은 빌딩 작은 틈새로부터 온다

장날

이곳은 거창읍 소재지
차륜들도 엎드려 오가는 읍내 사거리
아이 업은 며느리와
가뭄에 갈라 터진 논처럼 거친 손등을 가진 시어머니
그의 머리 위에 궤짝 하나
어제 깎은 상고머리 촌부의 자전거에 앉은 수탉의 벼슬은
아침 햇살에 누워 있다
국기봉에 매달린 만국기가 바람결에 오르는데
'까르르' 좌판 위에 떨어지는 아낙들의
웃음 섞인 흥정 소리

성당 가는 길

해거름녘, 마리아님 넓은 품으로
귀한 말씀을 담으러 가는 길이다
지난 시간 휘둘렀던 검은 혀를 감추고
잔잔한 웃음 배우러 가는 길이다
저 멀리찬양가가 새여 나오는
길게 엎드린 집 한 채 지붕 위로
자혜로운 성모님이 듣기만 하고 있다
성모님은 말씀이 없으시다
내 걸어가는 걸음 소리만 요란할 뿐
나는 종알거린다
여전히 말씀은 없으시다
헤아릴 수 없는 성스러운 마음에다
어지러운 말을 놓고
가벼운 걸음으로 돌아가는 길이다

소래포구에 가다

입 다문 채 만세 부른 게장
아낙의 거친 손의 유혹 돼지 껍데기 철판에 익어
지나는 이의 몸속에 솟구침
드럼통에 담긴 새우젓 명란란 조개젓
한 되 두 되 퍼 담겨서
누구의 입맛을 감칠 나게 할까
조기 한 두릅은 누구의 장 가방을 실하게 할까
젊은 미망인의 속을 걸쭉한 동동주가 훑어 내리고
석쇠 위의 대하가 부끄러워 얼굴 붉힌다
질긴 운명 뜯는 소리 바드득거린다

상추

텃밭에 상추 모종 심었다
물조리 칠 홉 남짓 담아 자작자작 덮는다
잠 덜 깬 어지러움으로 오줌 지린 달 이슬에
흙을 소반으로 먹고
꼬지락꼬지락 실할 때까지 견뎌야 한다
여러 날 삶는 한 낮은 묵념으로 고개 떨궈야 한다
유월 낫이 길어지면 꽃대를 올려야 한다
어쩌다 비 사나흘 내리고
시원한 바람에는 청치마를 펼쳐야 한다
해 떨궈 늦은 저녁
솎은 상추 물에 씻어
보리밥에 쌈장 발라
어매랑 먹어야지

복산동 비탈 집으로 가자

타닥 마당 가득 자지러지던 소리
"야 이놈아 빌어먹을 놈 나가 뒈지던지 썩 꺼져"
학교 가던 길 고르탕집 용근이
눈물 콧물 흘리던 복산동 비탈 집으로 가 보자
구공탄 위에 냄비 밥이 여름날같이 익고
땟국 묻은 아이들의 제기차기 말뚝박기
찢어진 가오리연 아스라이걸 려 있던 전깃줄
검은 장독이 하늘로 오르다 지쳐
바람에 등 구부린 안테나 곁으로 앉아 있던
낮은 창문과 녹을 베어 문 철문 비슷 누워
지나는 이의 걱정을 듣고
찹쌀떡 장수 찢어질 듯 외치는 소리에
높게 뜨던 붉은 달
대포산 까치들이 내일을 서둘러 울었던 곳
복산동[1] 비탈 집으로 가 보자

---

1) 복산동 대포산: 부산시 동래구에 있음

합천댐을 지나며

가을바람은 창밖을 따라 달리는데 댐을 지나며 수몰水沒이라는 의미를 알아챘다 몇 십 년을 왕래하던 합천댐 윗길 추억의 단절 같아서 못내 아쉽기도 하지만 회양리 오가는 우리에겐 건너편 정체는 이제 강 건너 불구경일 것이니

돌아오는 마을 회양리 가는 길목 구불구불한 길가에 늘어선 횟집들 어느새 황강 물과 조화를 이룬 마을아이의 나무 목木, 물 수水 창밖으로 날리며 고개 넘어서자 어느새 들어찬 만산홍엽 하천변에 심어 두었던 땅콩은 수확했지만 그래도 그 줄기만은 푸르게 남아 있고 골 따라 푸릇푸릇하다

반갑다 애정 같은 삶일지도 모른다 내가 너를 사랑한다 아니 해도 스스로 장하게 나를 기다렸다니 다만, 어릴 적 보았던 금모래밭이 물에 잠겨 보이지 않아 아쉽다

산사 풍경

대웅전 지붕 기왓장 골 사이로 얼굴 내민 잡초
달빛에 부끄러워 허리 꺾어 엎드려 잠든 밤
댓돌 위 동자승 하얀 고무신 누런 달빛 속살 넘쳐 흘러
잠든 아기 숨소리처럼 새근새근 적막이 깃든 보리도량

법당 처마 밑 풍경 청솔 바람에 땡그랑거릴 때
승방 마루 밑 도둑고양이 풍경소리에 발맞추어
달빛에 발 시릴까 깃털 세우고 앙감질을 뛉니다

대나무 통 속 흘러내리는 산사 약수 떨어지는 소리
똑똑 그리움 한 점 물소리에 젖어
석등 외로운 그림자 떡갈나무 낙엽에 휑하니 뒤척이
고요사채 토담 아래 겹달맞이꽃 서리 찬 바람결에
처연히 고개 내밀던 밤

꽃 문살에 깃든 적요 헤진 문풍지 비집고 잦아드는데
승방으로 돌아가는 달빛 어린 스님의 뒤 그림자
빈 가슴에 새겨지던 달빛 가득한 산사 풍경
한 점 그리움 되어 떠오릅니다

산동네 빨간 우체통

바람 한 점 골목길 휘돌아 자취 없이 사라지고
알전등에 비친 전신주 그림자 밟고 서 있는 빨간 우체통
가난한 삶의 밑바닥 이야기를 간직한 채
헤진 벙거지 모자 쓰고 '찹쌀떡 사…!' 떡장수
녹록한 삶의 향기 걸쭉하게 풀어내던 산동네

간밤 새벽녘 누군가의 취기에 구둣발 뭇매 고스란히 맞고
퍼렇게 멍든 철 대문 길눈 떠 멍하니 쳐다보는 이른 나절에
비탈길 푸른 가로수는 아무 일 없다는 듯
잎사귀 눈두덩이 비벼 눈뜬 아침을 핥고 있었다

유리창 밖 눈에 아른거리는 철부지 동네 아이들
여린 손목 흔들며 '모두 나를 따르라' 목청 돋우고 사라진 길목에
너저분한 길가의 물상들 그저 일상의 몸짓만 흔들리고, 가끔
산동네 골목 빨간 우체통 하나
덩그러니 바람의 소리만 전하고 있다

철공소 김씨

철공소에 다니는 김 씨 아저씨
곱사등에 절름발이에 욕쟁이다
차디찬 이 겨울에
항상 낡은 항공잠바를 입고
절룩거리는 다리에 반들거리는 무르팍
들뜬 머리에 비뚤어진 허리띠
헬멧도 쓰지 않고
누덕누덕 고친 사륜구동 스쿠터를 타고 다닌다
언젠가 버스 안에서 몸 밖으로 풍기는 술 냄새에
승객이 욕을 했다는 이유 때문이라지
김씨 아저씨는 혼자다
처음부터 그런 게 아니라
같이 살던 정신 지체장애자 아내가
다른 남자와 눈이 맞아 도망갔다나
욕하는 게 그렇게 싫었나
여편네도 참, 아저씨는 깡소주 들이키며
집 나간 아내 얘기에 낄낄대며 웃는데
얼굴에 잠긴 깊은 수심을 보는 나는
웃지 못 하겠다 웃지 못 하겠다
김 씨 아저씨

해거름이면 동네 마트에 들러
이 홉들이 소주를 사가신다
밤에 잠을 잘 수 없어 술을 마셔야 한단다
흩날리는 눈발이야
길을 서둘러 가라는 재촉이지만
서둘 것 없는 발걸음으로
버려신 고철 두들기고 바로잡는 게
자신의 굴곡진 삶을 바로잡는 천직 같다며
오늘도 새벽안개를 가르며
철공소를 향해 집을 나선다

탑골공원

백색의 석재로 쌓은 백탑白塔을
울타리 마냥 두른 나무 사이로
초록 냄새가 낮은 바람을 타고 맴돌면
길섶 마당에는 세월에 빛바랜 이끼마저 늙어 있고
여린 숨결로 핀 보랏빛 꽃들은 햇살을 거두어
지난 세월에 새 역사의 생명을 이어 놓는다

바람에 출렁이는 그 많은 잎사귀
빛은 부끄러운 듯 몸을 감추고
서늘한 바람이 능 없는 묘비 위에 홀연히 몸을 앉히면
모시적삼 다려 입으신 할아버지는
장기판 위에 지나간 아쉬운 세월을 한 뜸씩 옮기시고

주연도 관객도 없는 공원 안에
낭자한 자유를 갈망하던 선홍빛 발자국들
어딘가에 숨어있을 듯한 기생과 악사들 신명나는 소리가
마른 땅 위로 다시 살아나는 듯 빠져드는 야류 한마당

휘늘어진 장단 가락에 지나가던 걸인도 길 멈춰 서고
흥겨운 어깨 추임에 각설이 타령이 저절로 이어지면

팔각정 몸을 앉힌 바람도 절정으로 치닫는 무대의 열기로
흥건히 젖은 적삼 훠훠 몸을 감는다

콧등에 흐른 땀을 훔쳐 바람은 가던 길 떠나고
마지막 가락을 가다듬기 위해 받아든
한 잔의 막걸리가 컬컬한 목을 틔운다
찰나의 순간들이 떠난 텅 빈 공원을 바라보고 있노라면
눈앞에 그려지던 춤사위가 멍한 뇌리 속을 휘젓는다

어느새 나는 무희가 된다

도예촌 친구

18번국도 옆 47번지
그곳에 가면
어린 날의 추억이 고스란히 있다
촌부의 모습 그대로 남아
풋풋한 정 한 사발 부어주며
마른 목 축여주는
이것저것 가림이 없어
허탈한 가슴도 실직의 아픔도 받아 안고
넉넉한 위로에 상처도 아물게 하는

그곳에 가면
따듯한 사랑이 있다
백토, 점토 고운 흙 빚어
생명을 불어 넣는
텁수염에 수더분한 얼굴
막걸리 한 사발 손가락으로
휘휘 저어 너털웃음으로 내어주며
쉬어가라
내 발목을 잡는

바다 우편함

겨울 바닷가 우편함에는
눈꽃송이 가득한 하아얀 편지 봉투에
새들이 종종걸음으로 찍어놓은 듯
당신의 이름이 적혀 있었습니다

하늘과 수평을 이루는 바다와
연인처럼 나란히 누운 백사장 위에는
표백의 시간을 지난 조개껍데기
통곡을 갈무리할 줄 알았던 조약돌들로
그리운 사연을 담은 편지가
차곡차곡 쌓이고 있습니다

오늘도
바닷가 우편함에는
갈매기의 낮은 비행으로 내려앉은
은빛 편지 한 장이 부서지는 포말로 인해
파랗게 번지고 있습니다

고물상 앞에서

철로를 옆에 둔 고물상은 언제나
높은 성곽처럼 쌓여 있었다
늘 구부러진 길들에 나는 욕을 해대며
그것들을 접어 올릴 생각조차 하지 않았다
쓰다 버린 것을 모아 구부리고 접어
저렇게 높은 산처럼 만든 고물상 앞에는
오늘도 찬바람이 예각으로 불고
긴 세월 구부러진 것들을 품고 산 노모
손수레와 유모차에 넘치도록 실린 모난 폐품들
내 안에 아직 덜 물러진 관념들이 있어
구부러지지 않고 튕겨나가는 저 강철 조각처럼
어느 날 스스로에 대한 모난 급정거로
아스팔트 위에 딱딱하게 널브러질지 모른다
버려졌던 것들이 나름대로 각을 이뤄
빈 곳마다 잘도 맞추어져 가는 퍼즐 같은 고물상
내 삶의 굴곡과는 전혀 다른 견고한 성
거를 건 거르고 받칠 건 받치고선 성근 고철 탑을
부끄럽게 빠져나가는 내 나약한 폐품 같은 시간

퇴직

만성 변비에 마취제를 놓은 듯
뻣뻣하고 무거웠던 어깨 하루
종일 두통에 시달렸던 나날
언제나 내 생의 즐거움을 결박당한 채
가위눌림 같은 허우적거림
버릴 수만 있다면
다 버리고 싶었던
허허로운 바다 위를
부표처럼 떠다니던 꿈
자신의 무능임을 그저 위로할 뿐
이제 모든 고통이 내 안에서 떠나고
정신과 몸이 가벼워졌다
내 스스로 벗었다고 애써 위로하며
눈 녹은 골목길에 참담을 토혈하고
창백한 얼굴이 전봇대를 두드리는 새벽
눈을 들어 하늘을 우러른다
청명으로 푸른
아! 자유여

고수레

채 마르지 않은 입술에
연신 막걸리잔 들이키며
우리의 빈한한 저녁 술판 위에
아픔을 뱉어내던 격정의 시절

거리 뒤 모퉁이 골목골목에도
매캐한 최루탄가스 늘 자욱이 배여 있던
밤 깊은 난전 카바이트 불빛 아래
우리네 인생이 연극의 1막2장 같노라
손발 뒤집어가며 침을 튕기던 극단 동기들

그때 우리는 연극에만 미쳐있었지
변변찮은 극단 사무실 하나 없던 배고픈 시절에
노녀들의 발톱이란 작품 하나 무대에 올려놓고
입에 침이 마르도록 자랑했을 적
충무동 포장마차에서 하얗게 날밤을 새며
예술적인 삶 '인생은 예술이다' 뇌까리던
이십대 초반 우리다 젊디젊은 그때 그 시절

아마
하늘 구만 리 장천 어디쯤에선가
가던 날까지 취기에 어려 있던 그 모습 그대로
반쯤 뜬 눈 게슴츠레 눈동자 흐리며
'고수레'하고 있을 것만 같은 젊은 날의 초상이여

노인老人

늙어서 허리가 굽어지기까지는
아름다움을 다 털려야
슬프더라도 묵은 된장이 맛깔스럽잖아요
쨍쨍거리는 햇살이 장을 달여 아려 먹고
따끈따끈 쪼아 먹던
장딴지 데쳐 먹느라 해찰하더라도
온종일 고집으로 내리쏟기만 할,
꽃잎은 늘상 햇볕을 먹어야 바래듯이
검은 머리에 흰 싸락눈이 덮이고
늙더라도 장에 앉는 햇볕처럼
깊고 그윽한 사람이고 싶으오

인력시장

별도 잠 깨지 않은 새벽
영등포역 9번 출구 승합차 늘어선 곳
일당 5만원에 하루를 살아내는 사람들
불룩한 배낭 속
도시락으로 채운 영혼의 양식
기약 없는 찌들린 세월
선택받기위한 초조한 기다림
미소지을 그날은 언제인가
한 개비의 담배로 슬픈 눈물 숨기며
그저 하루를 살아낼 뿐
떨어지는 낙엽처럼 쓸쓸한
차량 떠난 광장
막걸리 한 사발과 깊은 한숨 소리에
지쳐가던 내 영혼의 소리

사부곡

아버지!
그곳에도 낙엽이 지고 있나요
당신을 보내고
밤새 신열로 눈을 뜬 그날 아침
하늘도 슬픈지 비를 뿌리고
화단에 피어 있던
고운 꽃이 지고 있었지요
아니,
붉디붉은 그리움이 지고 있었지요
당신을 보낸 가을 낙엽 같은 쓸쓸함
아린 보고픔은
꽃을 피우고 다시 지는
사계의 담장을 훌쩍 넘어
당신이 그토록 즐기시던
빠알간 홍시를 달고 왔네요
당신을 보낸 가을
그 시월의 낙엽 태우는 향기로

이사

올 때보다 훨씬 큰 차를 불렀는데
새 거라서 못 버리고
추억 있어 버릴 수 없어
턱 없이 부족한 공간

바비인형
각종 캐릭터 모음
첫째 딸애 보따리
만화책 장난감 권총
페이지 건너뛴 그림 동화
둘째 사내놈 보따리
묵은 원단
이 빠진 찻잔
할인마트 사은권
집사람 보따리
헛기침 한 두 번
찌푸린 얼굴에 보따리는 풀어지고
가족 몰래 챙긴 시작노트 하나에
행복한 '출발'을 외치는 나

재래시장의 밤

어둠은 반기고 얼기설기 얹혀져 있는 좌판 위에는
각양각색의 맛이 난다는 고래고기 두어 접시 썰어 담고
총각요 고래고기 사소, 사방으로 흩어지는 소리
잡담 나누며 기다리는 아줌마 할머니
천막 아래 늘어놓고 지나가는 길손 불러 세운다
실직한 사내 그늘진 얼굴엔 하루의 취기가 느껴지고
꼼장어집 아줌마 걸쭉한 입담을 꿈틀대듯 쏟아 붓는 외침
눈먼 이와 곱사가 앞장서 노래하고
때 묻은 바구니에 누운 꼬깃꼬깃한 지폐 몇 장 동전 몇 닢
아스라이 하루의 끝을 잡고 있다
희미한 불빛 등에 업고 갯기 잃은 고등어 서너 마리
숱하게 많은 빗장을 따고 민민한 뱃속을 드러내고
젊어서 청상과부가 됐다던 언챙이 돼지국밥 집 할머니 밥그릇은
30년째 아직도 사랑을 넘치도록 채우고
손 마디마디엔 관절의 아픔만 덕지덕지 앉아있다
오랜 불황의 늪을 헤매던 세상은
야바위꾼의 팽이처럼 돌아가도

향내 나는 지나친 친절은 없어도 덤으로 얹어주는 곳
수수한 인심이 뒹굴고 묵은 사랑이 흐르는
재래시장의 한 잔은 그래서 건강하다

덤으로 얻은 행복

보리쌀 한 되를 팔았다
누런 봉투에 쓸어 담고는
반절이나 넘는 좁쌀을 더 얹어준다
내가 받은 건 한 되보다 귀한 정 한 움큼

노랗게 익어 향기 달콤한
참외 한 바구니를 샀다
하늘 같은 웃음에
칼로 잘라 놓은 맛 배기의 참외와
또 하나의 참외를 바구니에 담아준다
내가 건네 든 건 향긋한 마음 한 바구니

탐스럽고 알찬 생명이 여문
옥수수 한 봉지를 집어 들고
얼마의 흥정이 끝나기 전
잘 익은 옥수수 하나를 덤으로 가슴에 안겨 준다
내가 받은 건 구수한 사랑 한 봉지

추억의 이발관

연탄난로 위 양은주전자 물 끓는 소리
쇠가죽에 면도날 세우는 소리
째깍째깍 힘겹게 돌아가는 시곗바늘 소리

희뿌연 거울 위로
하얀 거미줄에 얽힌 채 걸려있는
밀레의 만종이란 빛바랜 그림 사진 한 점

발그레한 얼굴로 문을 나설 때
박하사탕 하나씩 집어주던
털보 아저씨네 행복이발관

잘못된 고증考證

을지문덕 장군은 일개의 졸개 병사가 되었고
이순신 장군은 큰 칼 옆에 쥐고
매연 속에 헛기침만 계속하고 있었다
상투 틀고 갓 쓰는 건 고사하고
구두 신고 두루마기 없는 마고자만 입고
거리를 활보하더라

왜놈들은 네 땅 내 땅 모르고 염병 떨더니
참으로 어이없게도 독도가
저희 놈 땅이라고 생떼를 쓰더라
정말 어이없게도

수몰水沒

사람도 보이지 않는 텅 빈 들판
건너편 산자락에 몇 채의 집들만 보이고
마을로 들어서며 등이 굽은 할머니의 얼굴에서
깊은 주름살처럼 오래도록 잃어버린
고향의 흔적을 보았다

이제는 물조차 말라버린 저수지를 돌며
고향의 추억을 건져 올리고 싶었다
여기가 안채였었어
저 건너에 사랑방이 있었고
기억만 생생할 뿐
내 어린 시절의 옛집은 흔적도 없다

노란 은행잎이 하늘하늘 떨어지던 마을 어귀
옛 추억이 잠긴 고향의 흔적을 보며
어린 날을 건져내고 싶다
집터가 내려다보이는
아버지의 유년이 고인 그 땅에서

수원역에서

대기실 나무의자 위 시간을 기다리는 사람들이 추위에 지친 채 졸음을 쫓고 의자 한 귀퉁이에는 삶의 희망을 잃은 노숙자의 아픔들이 누워있다 똑딱이는 시침과 함께 발차의 수신을 알리는 스피커가 잠든 이들을 깨우고 하나 둘 개찰구를 빠져나간 인생들이 열차 속으로 미끄러져 간다 실려 보낸 그 길 위로 또 다른 인생들이 봇짐을 지고 시간을 이음질하면 조금 전 그 자리엔 어느새 다른 시간을 기다리는 인생들이 무거운 봇짐을 푼다 만나고 헤어지는 수많은 인생의 갈림길이 철길 위에 눈물을 뿌리고

저 철길처럼 사람마다 길이 곧기만 하였다면 슬픔이 있고 이별이 있었을 텐가 철마는 달리고 그 위로 시간도 지나고 모두의 인생은 그렇게 사위어 간다 지친 이 밤이 지나면 다가오는 내일의 이곳엔 또다시

인생을, 계절을 파는 사람들이 앉아 있을 것이다
오늘의 아픈 기억처럼…

둠벙

긴 겨울
물이 얼어 손등조차 갈라지던 어린 시절
보름달 앞세우고
아랫마을 둠벙엔 고만고만한 아이들이
작은 쪽박으로 밤새도록 물을 펐고
백발을 머리에 인 몽달귀신도
하하 호호, 웃음에 밀려 달려들지 못했지

시린 눈 비벼 어둠을 밀어낸 새벽
다래끼 바구니 가득
미꾸라지 가물치 메기 참붕어 가쁜숨 몰아쉬고
마음은 벌써 메주 띄우는 사랑방 아랫목
꼬끼오 꼬꼬, 수탉 홰치는 소리에 잠 깬 누렁이
쇠죽 쑤는 아궁이 옆에서는 비릿한 생선 냄새가 났다

시장 가는 길

해거름의 오후
장바구니 들고 나서는 나 보다 먼저 앞서는 강아지
동네 골목길 앞 순대 파는
할머니 인심이 그리운 것이다

자판에 누운 오징어
막내가 좋아하는 해물 김치 부침개
만지작거리다 돌아서는데
손바닥에 붙어 떨어지지 않는 싱싱함

손에 든 야윈 지갑만큼이나
바람 빠진 검정 비닐봉지
배고프다 칭얼대던 아이들의 뱃속을
무엇으로 달랜다

순댓국 집 앞, 돌아서 오는 길
땅으로 굽힌 어미의 휑한 바구니
던져 준 순대 하나에 꼬리 흔드는 강아지
난 아이들을 위해 무엇을 내놓을 수 있나

신경성 위염

머리가 아프다
그냥 과로한 탓일 거야
속이 쓰리다
그냥 불규칙한 식사 때문일 거야
어깨가 뻐근하다
겨울을 이겨내기 위한
작은 진통과 같을 뿐이야
그러나
내 몸 안의 봄꽃은 지고
떨어지는 꽃잎의 슬픔을 안고
멍울 진 눈물을 흘리고 있었다
그래, 무관심했던 내가 미안해
이제는 네게 따뜻한 시선을 줄게
우윳빛 하얀 액체 목구멍으로 넘기며
내 마음도 백색으로 희어지고
봄바람처럼 부드러워지기를
내 마음의 독기가 삭아
평화로 가득한
태초의 깨끗함이 살아 숨 쉬는
봄날이 되기를

담근 술

가을 햇살에 영근 열매
어머니의 손길에 거두어져
청옥 빛 생명수에 씻겨
갈색 달콤함에 재워지고
어둠에 갇혀
자아를 숙성시키던
삼백예순닷세
인고의 시간
빛 고운 향기로 채워진 너를
내 안 빈속에 담으면
세상은 아득한 숨결로
달콤한 사랑을 꿈꾼다

양철 지붕

세월에 멍든 양철지붕이 까맣게 썩어갈 때쯤
볕에 달궈진 지붕 위엔 비둘기가 내려앉으려다
화들짝 놀라 푸드덕 날갯짓으로 오르고 있다
한쪽 처마 끝엔 철사로 동여맨 굴뚝이
태 잃은 몰골로 위태롭게 흔들리고
쇠잔해진 문창살 너머 보이는 좁은 곡목 길에는
아이들 술래잡기에 한 낮의 열기도 숨어버렸다
페인트 벗겨진 초인종 없는 대문은
애초부터 문명이기를 거부한 듯 기우뚱 서있다
삐걱, 대문 열리는 소리에 달려가 반기는 멍멍개
주인 발걸음 잡고 돌다 발길질에 '깨갱' 물러나 꼬리 접고
사각사각 밤새 내리는 겨울 눈
아침볕에 똑똑 떨어지는 물방울 소리

김

푸른 동해
물결 일렁이는 외줄에 붙어
풀빛 간드러진 몸으로
온종일 흔들며 살아가는
찬바람도 비켜서지 않은 삼월
너를 거두어 민물에 씻고
칼로 썰고 김발에 뉘어
빛 좋은 햇살에 말려
한 겹 두 겹 떼 접어 한 첩
참기름 들기름에 발려
또 다른 숨결로 깨어나면
아이 소풍에 남편 밥상에
허기진 사랑을 채워준다

원종동 재래시장

부천 오정구 원종동 재래시장엔
흥청거릴 술집도
가난한 삶의
슬픈 지갑을 정으로 채워주던
이모 같은 채소가게도 이젠 없다

사람 냄새도 생선의 비린내도 없는
천막 아래에서
한숨과 바람하고만 놀다가
비의 가락에 젖은 넝마의 모습으로
빈 주머니에 슬픔만 채워서 간다

빈집

한때 홍시 떨어낸 감나무 아래
무쇠 뚜껑 위로 돼지기름에 빈대떡
누렇게 익던 화덕만 덩그러니 남아 있는
주인 떠난 빈집

뒤뜰 청대 잎 울면
울타리 사이 발정난 암 고양이
들락이며 안으로 밖으로
수컷 고양이 불러들이고

벼 낱알 뒹구는 곳간 구석엔
새끼 친 쥐들만 모여 살고
옛날을 놓지 못한 마당엔
찬바람만 인다

제2부

아내와 막걸리

할머니 생각

몇 가닥의 볏짚으로 훑어 신으시던 누런 고무신
숱 많지 않은 호호백발을 굵은 손마디로 빗어 넘기던 참빗
매운 연기 눈물로 달랜 오곡밥 지극정성 차려 내시던 무쇠솥

5일장 서는 날이면
전날 해거름 녘에 가지 오이 갖은 채소에
행여 손톱자국 날까 넓은 호박잎으로 포장한 애호박
소중히 챙기시던 된장에 박은 콩잎사귀

장이 파할 때까지 지루하도록 쭈그리고 앉아 있다가
서너 개 남은 애호박 주섬주섬 싸서 훌훌 털고 일어선 당신
주린 배는 달랠 기색도 없고 곧장 들리신 읍내가게서 산
할아버지 드릴 박하사탕에 막걸리 한 주전자

하루 두어 번 운행하는 완행버스 뒷걸음질로 잡고 올라타면
마을회관 앞 내려놓은 버스는 검은 트림하며 떠나고
눈 비비며 돌아서는 할머니 앞으로
한여름의 소나기 한 줄기 후두두 쏟아진다

아내와 막걸리

아내가 막걸리를 마신다
탁한 그리움을 걷어내듯
입김을 불어가며
막걸리를 마신다

흐린 기억을 더듬는지
깊은 고요 속 중얼거림이
오래된 카세트테이프처럼
커-억 늘어진다

불안한 걱정 속에서도
차마 내려놓을 수 없었던
어미라는 자리와 맞바꾼 젊음
나는 알고 있다

아내가 밤마다 마시는 막걸리는
끝내 떨쳐버리지 못한
가슴속 아픔을 삭이고 있음을

외가댁 소묘

낙동에서 승객을 내린 버스 뒤꽁무니에는
뽀얀 먼지가 매달려간다
통통배 타고 낙동강을 건너 20리를 가야
중동면 우물리에 있는 외갓댁
자갈계니 산길 걷는 여린 발바닥엔 어느새 물집이 올라온다
건넌방 뽕잎 위에는 하얀 누에들이 귀염질로 꿈틀대고
어둠을 밝힌 호롱불 긴 그림자에
놀란 고양이는 털 세워 달음질 친다

7일이 읍내 장날이라 고이 닦아낸
외할아버지 하얀 고무신이 대청마루 아래에서 희고
멀리 들짐승은 괴나리봇짐 속 냄새에
발 디딘 자국만 이리저리 배고프다 울어 댄다

해거름에 외할머니가 내가 신을 까만색 운동화를 들고 오셨다
저녁상엔 잘 구운 자반고등어 돼지고기 넣은 된장찌개 올라오고
내 뱃속은 꼬르륵거린다
달 기운 장날은 들짐승 날짐승 유혹하는 밤
행랑채 먼 불빛 속에 허깨비가 살금살금 마실꾼을 따라가고

겨울 고향집 소묘

잔바람에도 덜렁거리는 키 낮은 봉창
앞마당과 뒤뜰이 보이는 대청마루
마루 밑 납작이 불던 바람 올라와
진한 송진 향香 공간으로 흩으면
천장 매달려 히얗게 쇠는 옥수수
뱅그르르 몸을 비튼다
황토 흙으로 덮은 마당엔
건너편 장독대 오고 간
삽살개 발자국만 어지러이 널려있고
부엌 아궁이로 쑤셔 넣은 장작들
탁탁, 뻘겋게 그을음 내며 탄다
해 어둑어둑 마당도 검어지면
홍시와 찰떡 팔각 상 가득 차려지고
화로 속 잔불, 호롱불에 긴 그림자
벌렁 누워 안방 가득 자리하면
고향집 밤은 오랜만에 훈김이 돈다

천상의 아부지께

아부지
천상에는 이별의 아픔으로 눈물 흘리고
손 흔들어 보낼 눈물 강이 있는지요

아부지
천상에는 사랑으로 터 틀고
위선과 시기 없는 이웃이 사는지요

아부지
천상에는 연탄불 활활 태워
정으로 쩔쩔 끓는 그런 집이 있는지요

아부지
전생의 헛간엔 자전거 살이 녹슬고
호미, 괭이도 녹슬었습니다

후일
내가 천상에 오르는 날
세상 설움 죄다 버리고 가
나는 흙을 비비고
아부지는 벽과 방구들을 바르고

아비의 고향

– 합천군 용주면

아비의 고향은 황강물이 흐르던 곳
흙먼지 날리던 비포장도로가 콘크리트 입던 날
빨간 깃발 세워지고
대병 봉산 신 면소재지가 생겼다

집 앞
달구지 길은 이제 없다
솟을대문에 기와집도 없다
인공호수와 다목적댐이라 불리는
거대한 담벼락만 있을 뿐

내 고향은 거창군 남하면
홀로된 늙은 어머니와 함께
울타리 호박꽃 피는
양항리 상촌 살목마을

내 고향

처마 끝 새끼줄에 꿰여 하얗게 분가루 날리던 곶감
노란 은행나무잎에 가려진 심소정 우뚝 솟은 마을 어귀
버들치 미꾸라지 숨어든 밭도랑
달구지 흙먼지에 찌든 풀잎 가만히 누워
풀벌레 소리 정답게 울던 마을입니다

한여름 마른 쑥 피워 넓은 마당 한가운데
멍석 펴고 하늘 향해 입 벌리면 은빛 별님과
가끔 떨어지던 유성, 배앓이로 뒤척이던 밤
할머니 거친 손으로 가만히 내 배를 어루만지시던
평화로 가득한 마을입니다

수탉 울음에 동이 트고 새벽안개 풀잎에 이슬방울 매달려
눈에 부시게 하는, 이름 모를 들꽃 수줍은 듯 숨어 피고
울긋불긋 단풍의 화려함에 발목 붙잡던 자갈계니 길
고개 숙인 황금 들녘 노을이 젖어들던 마을입니다

밤새 내린 하얀 눈 위에 장독대로 점점이 찍혀 있던 발자국
추운 날 저녁 따뜻한 아랫목과 화롯불 속에
타닥거리는 군밤, 여린 손 호호 불며 껍질 벗겨 먹던 물고구마
구들장 담요 밑 메주 띄우던
구수한 토장국 향기 솔솔 묻어나던 정겨운 내 고향입니다

아버지의 자전거

사랑채 마당엔 은행잎이 비바람에 떨어져 있다
곳간 옆에는 삼천리표 자전거가 덩그마니 세워져 있다
나는 굴렁쇠 굴리 듯 마냥 달려간다
명치끝에 저며 오는 그리움이 시리다
차마 만져볼 수 없어 눈물이 핑돈다
차가운 손바닥은 아랫도리를 맡긴 지 오래다
이제는 무디어진 수치심
전생의 업이 무엇이기에
살아있는 감성은 서럽기만 할까

내 발뒤꿈치에 동전 크기만 한 흉터가 있다
세 살 무렵 아버지의 자전거에 다친 자국이다
아버지 살아생전 등을 굽히고 청춘을 늙히며
무심한 세월은 정직히 살았건만
마지막 생을 눕혀놓고
굽은 등을 뉘일 아랫목의 온기조차 허락지 않았다

오늘도 자전거는 분명 멈춰있지만
때로는 달리기도 한다
참 이상하게도

내 탓이다

어매의 등골뼈가 휘고 삭아 내려앉았다고 한다
철분이 빠져나간 자리에 물렁뼈마저 거의 없어지고
수술도 할 수 없을 거란다
병원에 오기까지의 시간은
찰나의 순간처럼 이리도 빨랐는데
그동안 참아왔을 당신의 고통은
왜 그리도 길었는가
신경이 눌리어 어혈이 쌓이고
살아있던 세포들이 죽어가는 동안
피부엔 검은 꽃들이 하나 둘
그 죽음을 먹고 자라났더라
당신의 키는 점점 작아지고
당신이 작아지는 이유는
살모사의 희생 같은 쓰린 대가는 아니었는지
철분이 달아난 것은 나이 탓이 아니요
자식의 육신을 키우기 위한 헌신의 거름으로
뿌려졌기 때문이다
내 어매의 삭은 허리는 다 내 탓이다

유년의 기억

칠흑 같은 야밤에 대밭 길을 지나
하동 댁 닭장 문을 살그머니 열어
아랫도리에 따습게 꼬물거리던 손을 넣어
횃대 위에 앉은 장닭을 안고 나올 때
노하신 하동할매의 고함소리에
걸음아 날 살려라 줄달음질쳤다

다음날 '동네에선 닭을 도둑맞았다'는
입 소문만 한가히 퍼졌다
초저녁달이 가야봉에 떠오를 무렵
친구 놈 다섯이 패를 나누고
한두 놈은 산으로 올라가 가래나무를 해오고
나머지는 밭으로 내려간다

익은 것은 남겨두고
덜 익은 보리를 꺾어와 지펴놓은 불에 구워
고사리 손으로 비벼 껍질을 버리고 먹는
그 맛이 참으로 구수했다
다음날 '동네에서 쌓아놓은 볏단이 없어졌다'는
소문만 무성했다

엄만 늙지마

뉘 집에 김치냉장고를 아주 대짜로 들여 놨더라
뉘 집에 멀티 평면 티브이가 엄청 커더라
누구네 아파트는 호텔 수준이더라

남들 지위 높음에 꿈쩍도 않으시던 어머니
칠순의 나이를 훌쩍 넘기신 우리 어머니
머리세고 주름 잡히고 여윈 내 어머니

나이를 먹을수록 어머니와 점점 멀어지고
그러다가 아주 헤어져야 하는 슬픈 운명의 어머니
자꾸만 늙어만 가는 우리 어머니
젊은 날의 그 환한 모습 어디 가고
이제 하이얀 할머니가 되었나

나, 이 세상 제일 큰 소원 하나 있네
엄만 제발 늙지마

아비와 예초기

뜨거운 태양 아래
늙은 아비가 예초기를 돌린다
어릴 적 그리도 커보이던 아비의 등은
어느새 나보다도 작아졌다
그 작은 어깨로 그 무거운 예초기를 지고
아비의 아비, 산소를 깎는다

내 어깨가 아비보다 커졌어도
아비는 아직도 내게 제초기를 주지 않았다
마치, 그것이 아비만의 특권이듯
그가 아비라는 것을 증명하는 행위인 듯
할아버지의 묘 깎는 일을 주지 않았다
하지만 난 그것이 더 좋았다
가파른 산을 지탱할 수 있는 아비가 있었기에

이제 그 예초기가 내 어깨에서 소리를 내고
아들이 아비의 그리움을 지켜본다
이제 그 아비는 없고 아픈
기억을 깎고 있을 뿐이다

고향집 · 2

두렁 높은 논배미 위로
농군의 노동이 앙금처럼 남아있다

여름에 미처 걷지 못한 하우스의 비닐이
흙살 주무르던 노인의 주름인양 접혀있다

사랑방 가득 군불 지피던 어버이의 그리움이
잔솔가시 태우듯 그윽하게 타오르고 있다

인정이 있어 더욱 그리운 고향집
아궁이 가마솥에는 찰옥수수가 구수하게 익고 있다

어머니의 외출

댓돌 위 하얀 고무신
예쁘게 닦아 신으시는 날은
울 어머니 외출하시는 길
철부지 막둥이 어머니 치맛단 잡고
목울음 응석으로 따르면
대문 밖 지키던 누렁이는 걱정에
종종걸음으로 달려와 원 그리며 돈다
그러나 어머니의 표정은 단호하다
집 앞 개울물만 안타까운 소리로 흐르고
두 살 터울 내 누이
어린 설움으로 주저앉은 동생의 등을 토닥이며 달랜다
마을 초입 동녘에 뜬 해가 삭을 때까지
기린 같은 목으로 바라보는…
멀리 저문 길 걸어오시는 어머니 양손은
무거운 봇짐으로 언제나 힘겹다

어머니의 코고무신

내 어릴 적 환절기만 되면 찾아오는 달갑지 않은 손님
심한 편도선염으로 몸이 불덩이인 것은
어머니의 따스한 손길이 그리워서였는지도 모른다

속 깊은 막내 가난한 말을 묶은 채 이불 아래서 울고 있으면
엄마는 찬 겨울 코고무신에 먼 약방 찾아 시오리길 다녀오시고
밤새 냉수로 몸을 닦아주시며
자신의 편도를 똑 닮음에 안쓰러워 우신다

경칩이 지나도 꽃샘바람 부는 고향집
깡마른 울타리 새로 어머니가 보이고
감나무 아래 화덕에는
대추에 생강 누런 가을배가 큰소리로 푹푹 익던 생각

오늘 밤도 내 꿈속으로 예쁘게 찾아오는
어머니의 코고무신 한 켤레

아버지의 전보電報

마을회관 앞에서 버스를 타고
거창읍까지는 시오리 길
내 살던 흙벽 담청기와 집엔
기운 담장 옆으로 진딧물 깨문 매실이 열렸다
타향에 있던 내게 보낼 수 있는
아버지의 아홉 자 전보電報는

아들아
올해도 집 울 안엔
빨 간 홍 시 가 익 었 단 다

제3부

여름 이야기

여름 이야기

냇가 뜨거운 바람에
첨벙, 물속으로 미끄러지는 아이들
둥지 떠난 새는
둔덕 나무 위 그늘 데려다 놓고
해질녘 여름 냇가
수풀 끝에 달 걸리면
하얀 속치마 벗고
물 긷는 아낙
땀 차 엉긴 속옷
어디 벗어두었나
돌 던져 해코지하던 아이들
숯 빛 얼굴로 잔달음질
공판장 앞 김 노인
허허로운 웃음에
퍼질러 앉아 나누던 탁주 한 사발

세월 잡는 사내

가을 햇살에 그물을 던지면
바람은 몰이꾼이 되어 시간을 털어내고 있다

그물 속에는 달아나지 못한 물방울만
가쁜 숨을 쉬며 번쩍이고 있구나

마른 땅에 누운 피라미 같은 세월은
때늦은 참회의 눈물 흘리고

산은 바람을 빌어 잔솔가지를 흔들면
사내는 다시, 시간의 그물을 던진다

모심기

참새들 선잠 깨우는
마을회관 마이크 소리
오늘은 상주댁 모 심는 날 입니더
모두 채비하고 퍼뜩 나오시소
이장님 목소리 울타리 넘어오면
지난밤 물 덴 쌀쌀한 물 논 위에
구릿빛 정강이 드러낸 동네 아낙
푸른 모 허리를 휘어잡고
아래 웃논 모를 심는다
목청 큰 삼식 어매 선창으로
용두레질 시작하면

모 다 쪘으니 모를 심세
어이이, 물꼬 저 물꼬 다 헐어놓고
쥔양반 어디 갔나
모시야 적삼에 반쯤 나온 젖 좀 보소

가락에 맞춰 덩실덩실 모를 심는다
쪄 놓은 모만큼 출출한 허리 잠시 펴고
광주리에 받쳐 든 부추전에 막걸리 한 사발
새참으로 먹고 나면
멀리 한나절 용두레질로 물 올리던
두식 아제 쉰 목소리 뒤로
하루해가 저문다

고추

과수댁 텃밭엔
붉은 열매들이
풀잎에 가린 채
아양을 떨고 있다
촌 계집아이 손이 타서
빨개진 걸까
볕도 지나다 부끄러워
구름 끌어 그림자로 덮고
그 밭 옆길을
빨개진 얼굴로 뛰어가는 새댁

묵정밭

겨우내 선잠 자던
호미랑 왜낫 들고
묵정밭으로 가자

거친 둔덕 더듬는
내 늙은 허리에서도
묵은 냄새가 난다더냐

개망초 질경이
봄볕에 얼굴 내민
야윈 발목들을 베어라

머위 꽃 머리에 꽂고
오래도록 사모할 수 있는
묵정밭으로 가자

봄볕에 상추 심고
물오른 망초꽃
고이 받으리니…

세월

팔월 불볕에도 밭고랑 잡초 매는 어머니
무명 저고리 한껏 벌려도 부끄럼 없이 괜찮다

집 앞 실개천 너럭바위 한 치 깊은 물웅덩이 자맥질
아랫도리 흘러내려도 너 나 없이 깔깔대던…

이제 버들피리 울던 계절도 떠났다
그의 뒤로 깊이 저물어가는 시월

좁은 논둑길을 싸늘한 바람 모시고
고단한 걸음으로 오시는 아버지

내려놓는 등지게 위로
해묵은 부적처럼 떨궈내는 단풍 한 잎…

성묘

구름을 헤집고야
하늘아 너는 나를
저리도 저리다며
다리조차 뻗을 수 없는 가슴앓이
당신께서 떠나신지 여러 날
채 마르지 않은 황토 진흙탕
내 아버지 향한 급한 발걸음
한 줌 햇볕고운 흙 굳어버린 산야
모신 죄 애써 외면하는 더 큰 죄
아버지! 어젯밤엔 어찌오셨습니까
아버지 늦었지만 절 받으세요
방관으로 통곡으로
사죄드립니다

그놈의 법이

법은 나를 자꾸만 우울하게 하였다
그것은 회전위반을 하고 돌아 나오는 차를 잡기 위해
골목길 트럭 뒤에 숨어
선생님 뭐가 그리 급하신지 운전 면허증을 제시하십시오
벌점 운운하는 교통순경처럼 야속하게 느껴졌다

고시 공부를 한답시고 절에 들어가서는
이때 비로소 성경을 읽었고
스님들에게서 반야심경을 듣고 배웠다
마누라는 지아비 그런 줄도 모르고
법관에 변호사 되리란 부푼 꿈에
허리 굽어지는 것도 모르고 뼈 삭도록 일했다
그놈의 법 때문에…

꿈과 현실의 사이에서 환멸이 느껴질 때마다
바보처럼 하늘의 푸름에 한탄하고
삶의 그윽한 체취보다는 악취가 풍길 때마다
오만스러워지려고 했다
세상의 그늘이 나의 포용을 거부할 때마다 나는

내가 더 아깝다는 억지를 썼다
그놈의 법이 뭔지 알지도 못하면서

그해 여름

가지 풋고추 듬성듬성 섞어
부침개 한 소쿠리 받혀두시고
울 밑 둥그런 호박을 달 적이라 부쳐주시던
외할머니의 허리 굽은 느린 걸음
우물가 작은 장독 속에 시큼하게 열무김치 익는 냄새
참외 수박 온갖 야채 그 속에서 여름 볕을 벗는다
아래채 나무뚜껑 솥단지에
뚝 뚝 떼어 호박잎 싹싹 비벼 넣고 끓인 수제비
시원하다 시원하다, 들이키던 외할아버지
거 참 이상하네, 거짓말 같은 진실
나는 아까부터 뜨거워 호호 불기만 하는 걸…
해지는 저녁나절 공로 위에 앉아
산 넘어 동네로 해가 떠오르겠다
석양이 불그레 내게로 오던 멀리
서울이 어디쯤일까 목 빼어 기웃대다
부채 하나로 여름을 달래고
마른 쑥 태워 모기 쫓던
내 어린 기억 외가댁 상주로 가고 싶다
일곱 살 어린 시절로 돌아가고 싶다

짚신

산골 마을
행랑채 아래 야생초 꽃잎 물든
짚신 한 켤레

꼬이고 성긴 사연
한 올 풀어짐에 연이어 터뜨리는
이웃집 순임이 밤마실 애기며
콩밭 서리 헤집던 때 높게 뜬 보름달
배시시 웃어 모른 체 하던

봄바람에 뒤뜰 조릿대 흔들려
사랑 놀음에 빠진 산새
날개 속 고개 묻어 숨 고르고
날 저문 가을 밤
할아범 거친 손길에 다시 엮이고 짜여
한평생 같이 늙자는

별님 달님 맴맴

예쁜 딸 아름이가 아빠 심부름을 갑니다
밭길 따라 논길을 따라 이른 저녁나절에
엄마 별 몰래 세상구경 나온 아기별도 함께 심부름 갑니다
해 기운 길가에 코스모스 아름 따 안고서
들녘에 핀 토끼풀꽃 따서 반지 만들고
한 송이 또 한 송이 줄줄이 엮어
고깔모자 만들어 머리에 쓰고서
별아 나 예쁘지 공주님 같지?
아기별도 화답하듯 은하수를 만듭니다
언제 아빠 심부름 다녀오나
할머니 우리 아빠가요 심부름으로 막걸리 사오래요
돌아오는 길 폴짝폴짝 앙감질을 뛰면
주전자도 찰랑찰랑 노래를 부릅니다
집으로 가는 논두렁 길 너무 멀어
목이 말라 주전자에 입을 대고 꿀꺽꿀꺽
아이 써, 아름이가 이마를 찡긋거립니다
머리 위로 빙빙 도는 달님
별님 맴맴 아름이도 맴맴
꽃잎을 이불 삼아 잠을 자고
아기 별도 엄마 별 품에 안겨 곤히 잠을 잡니다

유년 빨래터에는

때죽나무 연분홍 꽃에 앉은 햇살이 냇가 빨래터에 피어오르면
상주아지매 한밭아지매 월성아지매 두런두런 모여
어느 노름방에 박혔는지 간밤에 오지 않은 서방을 향해
월성아지매 핏대를 올리며 탁탁 방망이질 후려칩니다

한밭아재 손두부 팔러 읍내 장터로 나갔다
한 잔 두 잔 거푸 마셔버린 막걸리에 은근히 취해 돌아오고
다음날 아침이면 밥상에 조기 세 마리 버젓이 올라 있었다는
아지매의 볼그레한 얼굴이 수상하다 킬킬거리던

때죽나무 옆 수양버들 봄바람에 넘실넘실 춤추던
그날 그 빨래터에
상주아지매 한밭아지매 월성아지매 핏대 올리며
간밤에 얽힌 사연 걸쭉하게 쏟아 내고
저벅저벅 냇물 치대는 소리에 소란한 내 귓속

황사

봄비가 또랑또랑 웅덩이 만들어
길 위에 거울되어 비친다
물 위에 앉은 내 모습 보며
가장자리 노란 가루가 송홧가루인 줄 알았다
바람 불고 앞뜰에 꽃이 시든 날
중국이라는 땅에서 날아온 불청객임을 알고
풀잎에 붙은 벌레처럼 싫었다
몸에 묻을까 행여 옷에 묻을까
털며 불며 먼지 일으켜 떨칠 것이
어디 황사뿐이랴
맘에 티끌은 털어내지 못하면서
눈에 보이는 죄로
너만 불며 털어내려 애쓴다

호박

바래어진 짚더미 위에
둥근 제 몸 가두고
능청스레 걸터앉은
저 게으름 사이로
몸 굴리던 농익은 유혹아!
하늘은 저리 새침하게 푸르고
슬몃한 바람살에 가벼운 잎사귀 하나
모로 누워 굴러도
홀로 둥그런 배를 들어내고 앉아
허허거리는…

자유를 잃다

볏단 썰어 쇠죽 끓여주던
인심 좋은 주인을 떠나

고삐 채인 늙은 소가
목 떨어뜨린 채 트럭에 오른다

어린 송아지, 몹시 괴로운 울음으로
트럭 뒤꽁무니를 쫓는다

외양간 앞 멍에 위에는
쇠파리 한 마리 두 손을 싹싹 빌고

산딸기

하얀 기다림에
꽃잎 떨어뜨리고
붉게 맺힌 눈물방울

헤진 그리움은
얼마나 더 아파야
빨갛게 기워질까

나직한 숲
졸음 덜 깬 청초들이
아침 이슬로 낯을 씻고

산바람도 숫기 없이 비켜 가면
살포시 치장하고 웃는
임의 붉은 입술

개간

주인도 외면한 땅
산 아래 불모지
가래질 써레질에
피눈물로 꼬박 삼 년

달님도 깨지 않은 새벽
흙빛 얼굴로 선잠 깨는
농부의 호미질 소리

고된 등허리로
갈라진 양손으로
주워다 버릴 돌멩이들

봄비에 뿌린 씨앗
올해 가을은
어른 손 주먹만큼 큰
자색 고구마를 안을 터

아카시아꽃

5월이 되면
봄바람에 땅을 일군 동산에
잡초가 무성히 서고
아카시아 나무에는 하얀 꽃이 핀다

어느 오월 푸른 날
어릴 적 엎질러 놓은 함박웃음인가
흙처럼 넉넉한 가슴으로
곁에 박힌 돌부리마저 껴안고 있다

꽃 비 내려
하얀 비옷 입고 떠난 봄날
개구쟁이들 날려버린 풍선처럼
온갖 사연 수놓은 만춘

보리밭

초록의 밭으로 겨울이 깊어가고
찬 서리 맞은 새순들이 몸져누웠다
저항도 없이 양팔을 들고
운동장 같은 들판에서
항복의 포로로 잡혀 있다
언 땅에 묻은 하반신을
억센 발바닥으로 눌러
몹시 고통스러울 때까지
고문처럼 다져놓는다

숨겨 잠재웠던 용맹
봄볕에 환호성을 지르고
달빛에 익은 열매
잔바람에 일렁이는
금빛 갈라쇼

간장 졸이는 날

날로 쇠잔해지는 늙은 아궁이를
저편에 두고 홀어머니
삽작 마당에 무쇠 솥을 건다

불쏘시개 태우니
박쥐처럼 매달렸던 그을음들이
하늘을 오르고 있다

큰소리로 타던 콩대는
검정 얼굴로 나와 마당에서 뛰고
그을음도 땅에 떨어져 눕는다

향나무

거창 심소정[2)]
정각 들어서는 입구
등 굽은 향나무 고송 풍채에
일순 가벼운 바람 머뭇대는
두루미 한 쌍 갈 길 잃었는지 서로
날개 접은 채 긴 목 비비며
한동안 이렇게 앉아 있구나

그때, 천둥 울음 뇌아리며
일 년 쏟을 비를 한몫으로 뿌리던 날
석등 위로 날개 편 청솔
뇌우雷雨에 온몸 헤지고
그날의 폭우로 눈향나무
그 향 다 뿜지 못하고 쓰러져 누웠네

---

2) 심소정: 경남 거창군 남하면 양항리에 있음

제4부

그렇게 오시어요

고향

엷은 연두색 다락 밭
개구리알 담은 다랭이논 진흙 둑엔
논병아리 종종 발자국
따가운 봄햇살 등에 지고
고추 모종 심는 어머니의 매운 눈물

도시의 행복 다 주어도 마다할 이 순간
언제나 설레는 황토 갈라진 고향집
흙벽엔 녹슨 호미, 낫자루 대나무 속살 광주리
고향 떠나는 등 뒤로 어머니 숨결 눈물 뿌려
촉촉한 동산에 피던
철부지 질경이
웃음 헤픈 개망초꽃

고향집

거창군 남하면 양항리 상촌 마을
집 앞 개울 건너엔 88고속도로
그 길로 쌩쌩 지나는 차량 차들
세월에 낡아 깨진 기와로 얹은 낮은 흙담
젖힌 문 열면 또 문 안의 집

사랑채 낮은 그늘에
살찐 누렁이 누워 낮잠 지는
그 고요에 숨어 살금 찾아드는 고양이
곳간 한쪽 쌀가마니 떠난 자리 진하게 남은
행랑채 미닫이문 세상 밖으로 열려 있는

감잎 무성한 나무 사이로 둥지 튼 까치는
오래된 추억의 울음으로 울고
윤씨氏 일가 안부로 들락이던
할아버지 잔기침 소리 사라진 지금
바람에 담 허물어져도 경계도 근심도 없는 곳

기제사

아버지의 모습은 보이지 않는데
풍성한 상차림의 주인공이 아버지 것이라 합니다
온 가족이 먹고 남을 양의 음식이 차려진 상은
결국 남아있는 사람의 몫임을 알면서도 차렸습니다
아버지와 함께 산비탈 오르며 진달래 꽃잎 따던
봄의 일상들이 그리움의 안개꽃 되어 다가옵니다
진열장 유리병엔 연분홍으로 물든
진달래술이 그리움을 더하는데
이젠 봄이 되어도
함께 꽃 따러 산비탈 오를 사람이 없는 까닭에
아버지! 그립습니다

산사 풍경

깊은 산중
외길 돌아 해묵은 산사에
깨치지 못한 목탁묵언의 입을 닫고
날개 접은 실잠자리는
이슬 찬 빈 바랑에 앉아
추운 밤 지새웠구나

별 깨이면 어제에 몰래 담았던
세속 이야기를 버리고
휘청거리며 나는 데
절간 추녀 끝 풍경은
먼 산허리 바라보며
한 점 바람에 운다

지게

곳간 옆에는
지게가 외롭게 산다
그는 간혹 외양간을 외로이 지키고
돌아오는 촌부의 땀 냄새를 넙죽 반긴다
어느 땐 촌부의 굽은 등에 매달려
기다렸던 잔솔가지를 만나고
서로 헤어지기도 한다
지게는 지금 오랜 이별로
허물어지는 중이다
먼 길 떠난 촌부의
사랑채 툇마루 아래서

연서戀書

사랑의 키스를 날리면
나비 되어 날아갑니다
꽃잎 되어 흩어집니다
그대 푸른 눈을 가진 여인이여
달빛 같은 얼굴의 주소를 일러주세요
이파리에 새긴 연시戀詩
이슬 맺힌 내 그리움의 시구詩句는
햇살이 퍼지면 마른답니다
가슴팍 아리게 저민 흉터도
아픔이 가신 뒤에는 한갓 자국입니다
별빛 같은 눈빛의 문패를 찾아
오늘도 나비되어 날아갑니다
꽃잎 되 흩어집니다
사랑해요 내 여인이여

황혼길

사무쳐 오는 외로움은
한 번의 통곡으로 끝나지 않았다
저곳에 내가 섰나 했더니
어느새 이만치 세월을 밟고 있다
길게 목 늘어뜨린 그림자는
옷고름을 풀고 있다
한 걸음씩 내 디딜 때마다
더 서툰 걸음짓과 몸짓
꽃잎은 잘게 이는 바람에도 쉴 새 없이
목을 늘어뜨려 땅으로 땅으로
고개 숙이고 숙명의 그늘로 모여든 시간은
가파른 숨을 헐떡이며내 발목을 아프게 잡는다
수의로 몸 감고 오동나무 한 평에 몸 뉘일지 모를 황혼길
날숨 속에 묻어내는 시름인들 잠들까?
그날은 언덕배기 홀로 핀 동백의 울음소리를 듣는 날
나, 먼 길 떠나갈 테지

그렇게 오시어요

크로크스의 하얀 꽃등에 불 밝히듯
그대 그렇게 오시어요

힘겨움의 옷 벗어두고
그대 구름 옷 입고 오시어요

아픔이 되었던 웃음
눈물이 되었던 기쁨

만상에 묻어 두고
그대 빈 가슴으로 오시어요

말간 웃음 둥글게 말아 올리던 밤
그대 소리 없이 비추는 달그림자로 오시어요

추운 겨울을 밀어낸 봄처럼
그대 그렇게 내게 오시어요

사랑은 그리워할 때가 더 아름답다

곱고 청순한 꽃처럼
구름이 낀 날에도 빛을 잃지 않고
그대 흘리는 눈물에
활짝 피우는 꽃이고 싶습니다
사랑은 그리워할 때가 더 아름답습니다
그대 기다림은 꿈길에서까지 사랑에 잠기어
이듬해 진한 생명으로 피어날 것을
숙면하며 기다리겠습니다
사랑은 함께하는 기쁨도 있겠지만
그리울 때가 더 행복한 삶의 순간이란 걸 알았습니다
사랑은 그리워할 때가 더 아름답습니다

해후

1년 전, 상여꽃가마 지나던 길
오늘 내가 걸었습니다
때 늦은 후회
부끄러움으로 다가서는 날
술잔의 술보다 눈물이 먼저 넘어졌습니다
그날, 흔들리는 시선 안으로
흩어진 낱알을 거두던
갈까마귀는 회귀 했는지
산천도 고요했습니다
갈색 봉분 위로 피어있던 들국화 한 송이
내 아버지 웃음을 닮은…

그리움만큼의 입술을 깨문다

그리움의 꽃잎을 띄운다
물살을 자르듯 그리움을 새기면
엷은 웃음이 들린다
어울려 함께 울 수 없는 마음으로 밀면
허기진 바람처럼
아무 소리도 없이 넘어질 것 같은
그의 전부 입속에 씹히는 아픔으로
하늘 향해 마주 앉는 외로움의 숲이여…
시간이 갈수록 더 가까이
다가설 수 없는 너이기에
돌아서서 울지 못하는 눈물 거두고
그만큼의 입술만 깨문다

미스티 블루

그대 그리움으로 가득 찬 사랑을 비웠다
어느 순간 비운 게 아니라
조금씩 조금씩 덜어내어
그대 그리움의 그림을 그리고 있었다
시린 바람에 마음이 움츠린다
혈흔처럼 각인된 그대 영혼
흔적이란 아픈 것
그대 지운 빈 마음에
촘촘히 뿌리내린 미스티 블루[3)]

---

3) 미스티 블루갯질경이과:Limonium hybrids:유럽, 중동, 중국, 아프리카, 남미 등

엿장수 아저씨

철커덕 찰랑대는 가위질에
벙거지 모자 엿장수 아저씨
둘이 먹다 하나 죽어도 모를 울릉도 호박엿!
도장부스럼 어루만지다
내려 깨문 손가락
너무도 먹고 싶어
참지 못한 뜀박질
사립문 밖 강아지 덩달아 뛰고
엄마 몰래 숨겨온 까만 고무신
사 홉들이 소주병 하나
정신없이 다시 뛴
윗마을 구판장 앞
두근거리는 가슴으로 바꾼 호박엿 하나
장독 뒤 몰래 숨은 머리 위로
고추잠자리 어지럽게 맴돌고
아껴먹는 아이 눈엔 행복만 가득하다

나는 그대의 나무이고 싶다

나무와 나무 사이 삶의 돌계단에 비둘기는
타는 놀을 향해 시간을 창조하고 비어 있는 공간마다
그대에 대한 그리움으로 채워 넣는다
비둘기의 만남은 사랑이고
사랑은 곧 만남이 아니랴
우리의 사랑과 우정이 겨울 달빛 같은 아픔이 되지 않기를
새벽에 오는 성에 낀 돌개바람을 탓할 수 없듯이
흐르는 세월 또한 탓할 수 없다지만
너와의 만남은 필연이라 여기기에
나무와 나무 사이의 거리만큼 푸름을 공유하고 싶다
때론 우리들의 푸름을
세상 누군가와 함께 나눌 수 있다면
난 영원히 너와 함께 하는
한 그루의 소나무이고 싶다

그리움은 빗물로

새벽 창가누군가 문을 두드리고 있었다
세찬 바람이란 이름으로
아직도 덜 깨인 단잠 속에서
꿈을 꾸는 듯 희미하게 들리는
빗방울들의 슬픈 연가는
들릴 듯 말듯 거듭 되고
몇 번의 확인을 하고서야
창가로 다가서는 나!
문틈 사이에 끼여 녹슨 고리는
지나버린 세월의 무상함으로 베어나고
나는 다시 망설임과 벅찬 설렘으로
살포시 문을 연다
눈부시도록 투명한 유리
그 위를 타고 흐르는 빗물은
그리움에 흘린 눈물의 의미만큼
속절없이 내리고
회한으로 젖은 또 다름의 나아!
무심코 뱉어내는 시리고 시린 탄성
그리고 나는

새벽안개 가득 담은 저 물방울들은
그리움이 참다 못 해 빗물이라는 이름으로 토해내는
눈물이었음을 알아버렸다

한밤의 커피 같은 사랑

혼자라는 외로움에
뜨거운 입김으로 살포시 안겨오는
그대 감미로움을 차가운 나의 입술로
담고 또 담았습니다

그대 향긋한 갈색 빛
온유한 사랑의 달콤함이
무거웠던 어둠을 잠재우고
타인처럼 불어오는 바람에
그대 체온 빼앗길까봐
감히 먼저 범했습니다

그대 뜨거움과 달콤함을
온몸으로 느끼며
하얀 밤을 비우듯
그리움의 앙금 같은 사윈 사랑을
비워내고 있었습니다

그렇게 당신은 있어야 한다

바위에 짓눌려서
무수한 발길에 닳고 닳아서
붉고 곱게 피는 꽃의 아름다움을 보아라
그렇게 당신의 얼굴은 있어야 한다
소나기도 흙탕물도 이겨내는
푸르고 깊은 바다의 고요함을 보아라
그렇게 당신의 얼굴은 있어야 한다
꽃의 아름다움으로
바다의 너그러운 마음으로
당신은 항상 나의 가까운 곳에서
기다리고 있어야 한다

그대로 남아 있으라

아름다운 것들은 아름다움인 채로 남아있어라
바람은 불어야 하고
꽃은 그냥 꽃인 채로별이 떠 그러는 것처럼
풀잎이 누워 그러는 것처럼
그대로 남아있어라
추억 속에 묻힌 나뭇잎은
또 다른 색깔로 남아
이듬해 진한 생명으로 피어날 것을
숙면하며 기다리는 것처럼
내 마음속에 찾아든 사랑
그대로 남아 있으라
어쩌다 만나지 못한 아쉬움도
한 편에서 그리움으로 자라
내 마음속에 찾아들 때까지

사랑아, 너
그대로 내게 남아 있으라

채울 수 없는 그대

그대 내 안에 품으면
그만큼 멀리 달아날 것 같아서
그대 입술 내 입가에 담으면
달콤한 그 향기 사라질 것 같아서
그냥 바라만 보았습니다
그대 안에 꽉 찬 다른 사랑이 있어
채울 수 없는 사랑이라 하시면
내 흐르는 눈물로 비워서라도
다시 채우는 그대 단 하나의 사랑이고 싶습니다
그대 내 안에 담는다는 것이
또다시 비워야 할 아픔이라 하시면
투명한 물속 물살처럼 번져 드는 그리움 되어
외로움에 잠 못 이룬 이른 새벽
안개 자욱한 강둑에 나가
세상 뜻한 모든 의미 내던지고
미친하게 떠도는 물결로 그대 가슴에 남으렵니다

좋겠습니다

아름다운 인연으로
한 세상 살다가
함께 잠이 들었으면 좋겠습니다

서로를 위하고
함께 아파하며 살 수 있는
단 하나의 인연이었으면 좋겠습니다

내 안의 모든 것을 나누고
그것 또한 감사하는 마음으로
살 수 있었으면 좋겠습니다

내일의 희망보다는
오늘의 땀을 즐거워하는
성실한 사람이었으면 좋겠습니다

사랑으로 말하고
사랑으로 이해하는
만남이었으면 좋겠습니다

세상 모든 영혼을
맑게 물들이는 물감처럼
그윽하고 온유한 사람이면 좋겠습니다

항상 사랑하며
사랑의 진리를 깨닫는
지독하고 완전한 사랑이었으면 좋겠습니다

사주쟁이

"여보쇼, 선생! 이리 오쇼
검미劍眉에다 상相이 아주 좋쇠다,
자 이리…"

사뭇 일어서서 내 손이라도 잡고 끌어당길 기세다
생년월일과 시時를 대면
마디 굵은 손가락으로 주판알을 튕긴다

살기 걱정은 없으나 씨앗은 볼 수라 한다
내미는 복채에 따라가게도 번창하고
취직에 여자 복도 있을 거란
골목길 사주쟁이

속을 줄 알면서도
돈 주고 또 속는다

옛날 옛적에

화롯불 지펴
곰실곰실 모여 앉은 발가락
사랑방 봉창에 걸려 있는 쪽 달
거울바람에 떨고 있는…
흔들리던 호롱불을 짓궂게 꺼버린
무시무시한 공동묘지 아랫마을 요절한 처녀의 전설
썩은 동아줄의 아픔으로
수수 대공이 피로 물들었다던 호랑이
그래서 지금도 군데군데 핏빛이라던
믿을 수밖에 없는
누이 형아들의 눈 동그란 진실
형아 손 맞잡고 찾은 뒤
부엉이 눈으로 소리 지르며
바지 오줌 적셔
모락모락 피워 올린 옛날이야기

당신 그리움

고향집 뜰 앞 초록으로 피어오르던 감나무

참 탐스럽게 열렸네! 먹고 싶다
익지 않은 감을 보며 뱉어내던 진한 아쉬움
그 후 무심했던 고향 길
오랜 병고에 마른 숨 고르시던 당신
막내아들의 몫이라며
처마 밑 달아두셨던 가을
기다림의 끝에 홀연히 기대어
속으로 삭이시던 애잔함들
당신 가슴 빌려 살 붙이고 피 돌렸건만
무심하기만 하였지요
바람에 실리 우던 안부는
세월의 이랑 따라 키워 내던 그리움
그 그리움 내가 베고 누우니
니 줄라고 깎아 말렸다
귓전에 들리는 자식에의 사랑
울컥 목이 메며 당신이 보이네요
먼 길 떠나신 지 꼭 십 년

10月 가을비는 붉었다

10月의 그날
청사포에 내린 비는 분명 붉었다
갈증의 사슬로 종을 친 듯
파도는 끝없이 우짖고 있었다
한 편의 짧은 신파극으로 각색된
이별의 단막극은 그렇게 막을 내리고
노상 젖었으나 또 젖어야 하던
죽은 바다에서 갈매기의 울음도 붉게 젖어 내렸다
칼날에 베인 분노처럼 내리던 그날의 비는
이별의 슬픔으로 흘린 핏빛 눈물이었다

귀천歸天

어미의 배를 빌려
열 달하고 하루를 채운 뒤
세상의 문을 열어
으앙, 울음 터진 날
하늘이 내게 쏟아졌다
눈이 부신 탓일까
암흑 같은 세상 때문이런가
눈 뜨지 못한 시각장애인처럼
한치 앞도 못 보는 인생아
세상을 향한 눈이 떠질 때쯤
나는 다시 돌아가고 있다
나를 받아 줄 그 하늘로……

정情

힘든 하루 일과를 끝내고
집으로 돌아오는 길에
좌판을 놓고 앉은 노모에게
시선이 머문다
할머니 손등에 잡힌 주름만큼이나
축 늘어진 부추를 보니 가슴이 아련하여
할머니 부추 한 단 주세요, 했더니
옆에 놓인 풋고추도 얹져주신다
이렇게나 많이 주세요, 하는 말에
보기는 이래도 우리 밭에서 직접 기른거여,하시며,
환하게 웃으시는 주름진 모습이
꼭 내 어머니 같으시다
갈수록 도시 인심 각박하고 인정 메말랐다
하지만 할머니의 푸짐한 손저울이
지친 마음을 따뜻이 감싸준다

점순이

두껍아 두껍아 헌집 줄께 새집 다오
모래 위에 아이들과 터 잡고 소꿉놀이에 철없다던 점순이
열 여섯 꽃다운 나이에 고향 떠나
잘 살아보세 잘 살아보세…
새마을 운동 한참 떠들던 때
중절모 쓴 어르신 점순이 아버지
딸년이 완월동에서 잘 산다 하기에
두메산골에서 기차에 버스타고 물어물어 부산까지 왔으니까
이 보오 젊은이 이 주소좀 찾아 주시게
어르신, 점순이는 노랑머리 코 큰 서양인 따라
멀리 이민가서 잘 살고 있습니다
쓰러질 듯 굽은 허리채 부여잡고
한숨으로 되짚어 돌아가는 아버님 등 뒤에는
홍등 창 삐끔 열고 숨어 보던 점순이
짙은 화장 골 타고 내리는 눈물
쪽방 달동네 너와 내 누이의 가난했던 한恨

당신 향한 내 마음

내 욕심 때문에
해바라기 웃음 짓던
당신 얼굴에
생채기로 남을 아픔만 남기고
눈물 강을 흐르게 하였는지

당신의 넓은 마음 강에
무심코 던지는
투정의 수제비질
작은 물방울의 울림이
슬픈 울음인 것을
그땐 정녕 몰랐습니다

내 철부지 사랑 탓에
사시나무 떨림으로 서 있는
그대를 바라보는 내 마음
남은 생은 속죄하는 모습으로
늘 푸른 소나무로
그대 곁을 지키겠습니다

어떤 부부

눈먼 가장이
숫돌에 낫을 갈고
마음 넉넉한 여인이
눈길 그윽하게 사는 곳
주워 온 땔감을
손길 더듬어 쪼고
아내는 마당에서
그 모습에 한가롭다

한 때 가수를 꿈꾸었다던
아내의 입소리에
춤추는 멜로디언
기타 반주에
마주앉아 함박웃음
함께 부르는 노랫소리는
봄꽃처럼 곱다

* TV 방송을 보고

<작품해설>

도道와 길을 올바로 해석한 노자老子철학

김 순 진(문학평론가 · 고려대 평생교육원 시창작강사)

윤창현 시인과 만난 지 10년이 넘었다. 필자가 10년 동안 윤창현 시인을 보고 느낀 것은 '언제나 변함없음, 늘 그 자리에 있음'이었다. 그는 바위 같은 소신과 황소걸음 같은 끈기, 그리고 소나무 같은 성품을 지녔다. 그는 쉽게 자신의 취향을 드러내지 않지만, 한 번 맺은 인연은 상대방이 배신하지 않은 한 한결같은 우정을 보여준다. 이를 대자연에 비유한다면 윤창현 시인은 언제나 그 자리에 있는 태백산맥 같고 필자는 쉴 새 없이 바뀌는 하늘의 구름 같다. 그는 언제나 자신의 자리에서 자신에게 주어진 삶을 묵묵히 수행해나가는 사람이었으며, 필자는 변화를 요구하고 새로운 세상을 헤매는 방랑자 같은 사람이었다. 둘에게는 모두 일장일단이 있다. 전자의 사람들은 우리의 전통을 지키고 고향을 지키며 얼을 지켜나가는 사람들이라고 한다면 후자의 사람들은 신문물을 끌어들이고 구습타파를 주장하고 제도를 개혁하자는 사람들일 것이다. 말하자면 보수냐 진보냐의 논리라고 해도 좋겠다. 보수성 너무 짙으면 안정성이 있되 발전이 늦고 진보성이 너무 짙으면 새로움을 향해 진화하되 정체성을 의심받는다. 윤창현 시인은 아무리 봐도 보수성향의 시인 같다. 그의 정치적 색채가 어떤지, 어떤 당을 지지하는지 알 수도 없고 알 필요도 없다. 그러나 그의 시만큼은 보수적 색채를 진하게 드리우고 있다. 그러나 그의 시창작 방법은 진보적 성향을 자주 드러낸다. 그럼 윤창현 시인의 시 몇 수를 읽어보면서 그가 무엇을 생각하고 어떤 마음으로 살고 있는지를 때론 현미경으로 때론 망원경으로 들여다보자.

바람 빠진 둥근 바퀴에 앙상하게 남은 몸뚱어리가
행랑채 처마 밑에서 한가하다
어떤 날은 저 손수레에서 두엄 냄새가 나고
어떤 날은 갓 찧은 쌀겨의 구수한 냄새가 난다
한때 둥근 인연으로 만나 서로 마주하고도 손잡지 못한 채
애절한 눈빛만 주고받는 사연
어쩌면 장날 이웃할머니 읍내 다녀왔던
온갖 푸성귀 파는 아낙네
남편 술주정 이야기에 안타까운 마음 정情인 듯 나누고
행길 가에 비슷 누워 높은 가을 하늘 잠자리의 유혹에
어지럼 타는 사랑노래 불렀는지도 모른다
이런 한가로운 보름달 오르는 밤이면
"우리 참 다정한 연인으로 살았지?"
그들만의 그윽한 대화를 달빛만이 내려와 엿듣고 있다

-「손수레」 전문

중고등학교 시절, 리어카를 끌고 산으로 자주 나무하러 다니던 기억이 있다. 필자와 같은 세대의 윤창현 시인도 나무하러 다닌 경험이 있을 것 같다. 울퉁불퉁한 산길을 내려오다 보면 한 바퀴가 돌부리에 채여도 번쩍 들리고 나뭇짐이 한 쪽으로 쏠려 리어카가 뒤집히는 경험을 했었다. 리어카는 한쪽 바퀴가 터졌을 경

우 실린 짐을 모두 내리고 터진 바퀴를 빼내 때워야 하던 일을 계속해서 진행할 수 있다. 윤창현 시인이 이 시를 쓴 이유는 사람도 그렇다는 말이다. 부부가 둘이 함께 살다가 한 사람이 먼저 세상을 떠난다든지, 이혼을 하게 될 경우 멀고 먼 인생길을 원만하게 굴러가기 어렵다는 말을 하고 싶은 것이다. 둘이 함께 굴러갈 때는 두엄 냄새가 나면 어떻고 쌀겨 냄새가 나면 어떠랴만, 한 사람이 제 기능을 다하지 못하고 멈추어 서거나 이탈해서 다른 곳으로 굴러가버린다면, 행랑의 처마 밑에 선 손수레 신세가 된다는 말이다. 윤창현 시인의 부부도 다정하게 백년해로하고 나서 서로 마주보는 손수레의 바퀴 같이 옛 이야기를 할 수 있는 부부가 되었으면 좋겠다.

철공소에 다니는 김 씨 아저씨
곱사등에 절름발이에 욕쟁이다
차디찬 이 겨울에
항상 낡은 항공잠바를 입고
절룩거리는 다리에 반들거리는 무르팍
들뜬 머리에 비뚤어진 허리띠
헬멧도 쓰지 않고
누덕누덕 고친 사륜구동 스쿠터를 타고 다닌다
언젠가 버스 안에서 몸 밖으로 풍기는 술 냄새에
승객이 욕을 했다는 이유 때문이라지
김씨 아저씨는 혼자다
처음부터 그런 게 아니라
같이 살던 정신 지체장애자 아내가
다른 남자와 눈이 맞아 도망갔다나

욕하는 게 그렇게 싫었나
여편네도 참, 아저씨는 깡소주 들이키며
집 나간 아내 얘기에 낄낄대며 웃는데
얼굴에 잠긴 깊은 수심을 보는 나는
웃지 못 하겠다 웃지 못 하겠다
김 씨 아저씨
해거름이면 동네 마트에 들러
이 홉들이 소주를 사가신다
밤에 잠을 잘 수 없어 술을 마셔야 한단다
흩날리는 눈발이야
길을 서둘러 가라는 재촉이지만
서둘 것 없는 발걸음으로
버려진 고철 두들기고 바로잡는 게
자신의 굴곡진 삶을 바로잡는 천직 같다며
오늘도 새벽안개를 가르며
철공소를 향해 집을 나선다

-「철공소 김 씨」 전문

위의 시에서 보듯 철공소 김 씨는 신체적 장애를 가진 분이다. 그의 심성은 본래 착했지만 사람들이 그를 그냥 내버려두지 않았다. 버스에 탓을 때 냄새가 난다고 승객이 욕을 하고, 아내는 다른 사람과 눈 맞아 도망을 갔다. 그래서 그는 사회에 대한 불만이 싸이게 되고 그 불만을 토로하기 시작함에 따라서 자신도 모르게 욕쟁이로 살아가게 된다. 그는 왜곡된 다리로 왜곡된 삶을 살고 있다. 그러나 그의 일과는 아이러니하게도 버려진 고철을 두들기고 바로 잡는 것이다. 삐뚤어진 세상을 향해 날마다 욕을 해대는 사람이 하는 일은 삐뚤어진 것을 바로 잡는 일이라니…….그는 혼자 잠드는 밤이 무섭다. 그래서 해거름이면 이 홉들이 한 병을 사다 마셔야만 비로소 잠을 잘 수가 있다. 안 봐도 비디오라는 말이 있다. 김 씨의 삶이 안 봐도 비디오다. 눈에 밟힌다. 그래도 살아야만 하는 게 인생이다. 나는 어른들을 존경한다. 에쿠스를 끌고 골프장을 드나드는 어른이든, 유모차를 끌고 고물상을 드나드는 어른이든 모두가 일제강점기시대 전후에 태어나 6.25전쟁과 보릿고개를 겪으며 어려운 삶을 살아내신 분들이다. 요즘처럼 자기 생각만 하고 툭 하면 한강에 뛰어들고, 달리는 열차에서 뛰어들어서 낳아주신 부모님에게 대못을 박고 자신이 낳은 아이들의 장래에 어둠의 장막을 치는 사람들이 많은 세상에 유모차에 파지를 주워 끌면서도 손자들을 돌보는 할머니 할아버지들은 정말 존경할만한 분들이다. 나는 장애자들을 존경한다. 그들은 육체적으로는 불편할지 모르나 정신적으로는 매우 건강한 분들이다. 포기하지 않는 삶은 결국 승리하는 삶이 된다. 천상병 시인은 '천원만 줘요. 천원만' 하고 구걸하고 산 삶이었지만 이 세상에 온 것은 소풍이었다고 말했다. 매를 맞아 바보가 되었지만 "이 세상 소풍 끝나는 날 가서 행복했다고 말하"겠다고 우리에게 가르쳤다. 이 구절은 삶에 대한 최고의 존엄을 일깨워주는 대목이다. 그런 점에서 장애를 가진 철공소 김 씨가 이도저도 잘 안 되는 세상살이에도 "오늘도 새벽안개를 가르며 / 철공소를 향해 집을 나"섬으로써 윤 시인은 우리에게 희망의 빛을 보내고 있는 것이다.

연탄난로 위 양은주전자 물 끓는 소리
쇠가죽에 면도날 세우는 소리

째깍째깍 힘겹게 돌아가는 시곗바늘 소리

희뿌연 거울 위로
하얀 거미줄에 얽힌 채 걸려있는
밀레의 만종이란 빛바랜 그림 사진 한 점

발그레한 얼굴로 문을 나설 때
박하사탕 하나씩 집어주던
털보 아저씨네 행복이발관

-「추억의 이발관」 전문

아버지는 내가 어릴 적에 이발소에다 계방을 들으셨다. 계방이란 1년 내내 아무 때나 머리가 길면 찾아가 외상으로 깎고 머리를 가을이 되면 쌀로 갚는 제도였다. 계방곡을 걷는 날이면 이발소 안마당에는 통막걸리를 잔뜩 실은 자전거가 들어가고, 꿱꿱, 돼지 멱따는 소리도 들렸다. 그날은 우리들에게는 돼지국밥이 한 그릇 주어지고 어른들은 막걸리 몇 잔에 얼큰해져 어깨춤을 추던 생각이 아련하다. 당시 농촌에서 이발사는 가장 세련된 직업이었다. 다들 흙을 만져 손톱 밑이 시커멓게 때가 낄 때, 이발사는 하얀 가운을 입고 손님들과 농담을 건네며 가죽피대에다 면도날을 문질러 날을 세운다. 늘 단정하던 머리의 이발사 아저씨는 어떻게 머리를 깎을까 늘 궁금하기도 했는데, 나는 그때 이다음에 크면 이발사가 되고 싶었다. 이발관에 가면 가끔 옥수수 강냉이를 튀겨 놓았다 주거나 십리사탕을 하나씩 주기도 했는데, 우리들은 만화책을 잔뜩 꽂아놓은 서고를 마음대로 드난할 수 있어서 더욱 좋았다. 바리깡 하나로 온 동네 중학생들이 모두 서로의 머리를 박박 밀어주었던 그 시절, 가끔 기계충이 번지면 머리가 몽땅 빠지곤 했다. 그래서 당시 태현실이 나오던 TV드라마 '여로'의 남자주인공 장욱제는 도장버짐으로 머리칼이 동그랗게 빠진 캐릭터였다. 윤창현 시인을 따라 추억의 행복이발관으로 들어서니 이장도 보고 농사도 지으며, 이발소까지 하며, 우리에게 스무고개 퀴즈를 잘 내주시던 이발사 아저씨가 연탄난로 연통에 문지르는 비누거품이 머릿속에서 하얗게 끓어오른다.

대기실 나무의자 위 시간을 기다리는 사람들이 추위에 지친 채 졸음을 쫓고 의자 한 귀퉁이에는 삶의 희망을 잃은 노숙자의 아픔들이 누워있다 똑딱이는 시침과 함께 발차의 수신을 알리는 스피커가 잠든 이들을 깨우고 하나 둘 개찰구를 빠져나간 인생들이 열차 속으로 미끄러져 간다 실려 보낸 그 길 위로 또 다른 인생들이 봇짐을 지고 시간을 이음질하면 조금 전 그 자리엔 어느새 다른 시간을 기다리는 인생들이 무거운 봇짐을 푼다 만나고 헤어지는 수많은 인생의 갈림길이 철길 위에 눈물을 뿌리고

저 철길처럼 사람마다 길이 곧기만 하였다면 슬픔이 있고 이별이 있었을 텐가 철마는 달리고 그 위로 시간도 지나고 모두의 인생은 그렇게 사위어 간다 지친 이 밤이 지나면 다가오는 내일의 이곳엔 또다시

인생을, 계절을 파는 사람들이 앉아 있을 것이다
오늘의 아픈 기억처럼…

-「수원역에서」 전문

시인은 화가이면서 음악가이다. 조각가이면서 설치미술가이다. 시인이 움직이면 대여섯 명의 사람들이 함께 움직인다. 윤창현 시인은 수원역에서 시인이 벌일 수 있는 환상의 마술쇼를 연출한다. 그는 시각적으로 "대기실 나무의자 위 시간을 기다리는 사람들이 추위에 지친 채 졸음을 쫓고 / 의자 한 귀퉁이에는 삶의 희망을 잃은 노숙자의 아픔들이 누워있다" 고 그린다. 청각적으로 "똑딱이는 시침과 함께 발차의 수신을 알리는 스피커가 잠든 이들을 깨"운다고 그린다. 조형적으로 "하나 둘 개찰구를 빠져나간 인생들이 열차 속으로 미끄러져 간다"고 조각한다. "실려 보낸 그 길 위로 또 다른 인생들이 봇짐을 지고 시간을 이음질하면 / 조금 전 그 자리엔 어느새 다른 시간을 기다리는 인생들이 무거운 봇짐을 푼다"며 설치미술품을 풀어놓는다. 그의 말처럼 역전은 "만나고 헤어지는 수많은 인생의 갈림길"이다. 사람의 인생사가 만나고 헤어짐이 연속인 것이다. 시인은 시집을 짓는 목수이다. 그래서 시인은 밤에는 해를 끌어다 붙이고 낮에는 달을 따다 박아 놓는다. 바람 한 줄기 벽에 걸고 비 한 묶음 꺾어 화병에 담아놓는 예술적 감각을 지닌 사람이 시인이다.

타닥 마당 가득 자지러지던 소리
"야 이눔아 빌어먹을 눔 나가 뒈지던지 썩 꺼져"
학교 가던 길 고르탕집 용근이
눈물 콧물 흘리던 복산동 비탈 집으로 가 보자
구공탄 위에 냄비 밥이 여름날같이 익고
땟국 묻은 아이들의 제기차기 말뚝박기

찢어진 가오리연 아스라이 걸려있던 전깃줄
검은 장독이 하늘로 오르다 지쳐
바람에 등 구부린 안테나 곁으로 앉아 있던
낮은 창문과 녹을 베어 문 철문 비슷 누워
지나는 이의 걱정을 듣고
찹쌀떡 장수 찢어질 듯 외치는 소리에
높게 뜨던 붉은 달
대포산 까치들이 내일을 서둘러 울었던 곳
복산동 비탈 집으로 가 보자

-「복산동 비탈 집으로 가자」 전문

복산동은 부산시 동래구에 있는 마을이다. 6.25동란 때 피난민들이 판잣집을 짓고 살았던 곳이다. 대포산을 뒤덮었던 판잣집이 지금은 모두 사라졌지만, 그 마을의 모양은 여전히 계단식으로 이루어진 동네다. 시인의 눈은 더없이 인자하여 마치 아가를 바라보는 엄마의 눈 같이 긍휼해야 한다. 그래야만 윤창현 시인처럼 북산동 비탈집을 제대로 바라볼 수 있다. 우리네 아버지들이 욕은 욕이 아니었다. "야 이놈아 빌어먹을 눔 나가 뒈지던지 썩꺼져" 아버지가 용근이에게 하신 말씀은 당시는 '보기 싫으니까 눈앞에서 사라지라는 말'이었고, 지금은 욕하는 사람과 욕을 먹는 사람까지도 모두 정다운 이웃으로 돌아와 우리 곁에서 추억으로 자리매김하고 있다. 구공탄 화덕, 숯다리미, 다듬잇돌만 추억이 되는 것은 아니다. 아버지가 하시던 말씀, 기침소리, 걸음걸이, 술 한 잔 얼큰하셔서 골목을 휘저으며 부르는 "오늘도 걷는다만은 정처 없는 이 발 길……."의 '나그네 설움' 노랫소리까지 우리의 가슴속에는 무형문화재로 남는다. 윤 시인을 따라서 까닥까닥 고개를 흔들며, 뒷짐을 지고 오르다 양팔로 균형을 잡으며 복산동 대포산 마을로 올라가보자. "구공탄 위에 냄비 밥이 여름날같이 익고"있어 밥 타는 냄새가 골목의 아이들의 "땟국 묻은 아이들의 제기차기 말뚝박기"하는 목소리를 키우고 있다. 전깃줄에는 "찢어진 가오리연 아스라이 걸려있"고 바람이 불면 이리 저리 돌아가서 지직거리던 TV 안테나는 등을 구부린 채 오랜 바닷바람에 쇨 대로 쉰 해수기침으로 전파를 전달하고 있다. 그 곁으로 "낮은 창문과 녹을 베어 문 철문 비슷 누워 / 지나는 이의 걱정을 듣"는다. 가끔 지나가는 찹쌀떡 장수의 '찹쌀 떠억! 찹살떡 사려어어……!' 긴 외침에 비라도 올 듯 달무리진 붉은 달은 한 폭의 그림이다. 그래도 그런 시절은 빨리 지나가고 싶었던 것이 시인의 마음이었나 보다. 시인은 대포산 까치들을 시켜 "내일을 서둘러 울"어 읽은 이들이 가슴 한 켠을 울컥하게 한다.

사랑채 마당엔 은행잎이 비바람에 떨어져 있다
곳간 옆에는 삼천리표 자전거가 덩그마니 세워져 있다
나는 굴렁쇠 굴리 듯 마냥 달려간다
명치끝에 저며 오는 그리움이 시리다
차마 만져볼 수 없어 눈물이 핑돈다
차가운 손바닥은 아랫도리를 맡긴 지 오래다
이제는 무디어진 수치심
전생의 업이 무엇이기에
살아있는 감성은 서럽기만 할까

내 발뒤꿈치에 동전 크기만 한 흉터가 있다

세 살 무렵 아버지의 자전거에 다친 자국이다
아버지 살아생전 등을 굽히고 청춘을 늙히며
무심한 세월은 정직히 살았건만
마지막 생을 눕혀놓고
굽은 등을 뉘일 아랫목의 온기조차 허락지 않았다

오늘도 자전거는 분명 멈춰있지만
때로는 달리기도 한다
참 이상하게도

-「아버지의 자전거」 전문

아버지께서 타고 다니시던 자전거가 곳간 한 쪽에 먼지를 뽀얗게 뒤집어쓴 채 세워져있다. 그 자전거를 보면 은행잎이 떨어지는 가을 들판을 바람처럼 달려가시는 아버지가 생각나 명치 끝이 저며오는 그리움에 휩싸인다. 윤 시인은 그런 자전거를 보면서 마치 "굴렁쇠 굴리 듯" 그리움의 비탈로 "마냥 달려가"고 있다. 그에게는 "발뒤꿈치에 동전 크기만한 흉터"가 있다. "세 살 무렵 아버지의 자전거에 발을 다쳤"던 흉터이다. 그래서 "오늘도 자전거는 분명 멈춰있지만 / 때로는 달리기도 한다." 윤 시인이 자랄 무렵에 자전거는 부의 상징이었다. 그 자전거의 핸들에 손을 뗀 채 양 팔, 양 다리를 벌리고 언덕을 소리치며 내려가던 친구들에 대한 기억은 지금도 부러움 자체다. 중학교 1학년 때 친구 아버지의 장삿날 오신 손님의 자전거를 몰래 타다 주인한테 따귀를 맞았던 기억이 있다. 그때 자전거는 왜 그렇게 호크가 잘 부러졌는지…… "야, 임마! 호크 나가면 어쩌려고 그래?"라며 자기의 아들 같은 내 따귀를 올려붙이던 그 아저씨는 지금 나보다 젊은 사람이었을 게다. 고등학교 때 밤새 다듬은 시금치며, 부추, 쪽파, 얼갈이배추를 이불보퉁이에 싸 산더미처럼 싣고 어둠을 헤치며 새벽시장을 향해 달려가시던 이모부에 대한 기억은 지금도 생생하다. 당시엔 '공부 잘하면 자전거 하나 사준다'는 말이 마치 요즘에 '공부 잘 하면 스마트폰을 사준다'는 흥정처럼 아버지와 아들 사이에 일어나는 공공연한 흥정이었다. 이제 아버지는 세상을 떠나신지 오래인데, 주인을 잃은 자전거는 고향집 곳간 한 쪽에서 세월의 수레바퀴가 되어 윤창현 시인을 싣고 중년으로 내달리고 있다. 아들이 아버지가 되고 아버지가 할아버지가 되어가는 과정 속에서 세월의 자전거는 쉬지 않고 내달린다. 헛간에 있는 작두, 풍구, 도리깨, 낫 등과 곳간에 있는 말, 되, 키, 체, 광주리, 채반 그리고 벽에 기대선 자전거, 리어카, 지게, 제초기과 그들을 부리고 사용하며 견디던 아버지, 어머니, 고향집, 두레박우물, 정자나무우리들을 추억으로, 그리움으로 달리게 하는 존재들이다. 이 시 속의 자전거는 교통수단에서 옛날과 현대, 아버지와 나를 잇는 가교로 변해 있다.

법은 나를 자꾸만 우울하게 하였다
그것은 회전위반을 하고 돌아 나오는 차를 잡기 위해
골목길 트럭 뒤에 숨어
선생님 뭐가 그리 급하신지 운전 면허증을 제시하십시오
벌점 운운하는 교통순경처럼 야속하게 느껴졌다

고시 공부를 한답시고 절에 들어가서는
이때 비로소 성경을 읽었고

스님들에게서 반야심경을 듣고 배웠다
마누라는 지아비 그런 줄도 모르고
법관에 변호사 되리란 부푼 꿈에
허리 굽어지는 것도 모르고 뼈 삭도록 일했다
그놈의 법 때문에…

꿈과 현실의 사이에서 환멸이 느껴질 때마다
바보처럼 하늘의 푸름에 한탄하고
삶의 그윽한 체취보다는 악취가 풍길 때마다
오만스러워지려고 했다
세상의 그늘이 나의 포용을 거부할 때마다 나는
내가 더 아깝다는 억지를 썼다
그놈의 법이 뭔지 알지도 못하면서

-「그놈의 법이」 전문

지난 일요일 오전 11시에는 경찰관으로 근무하고 있는 지인의 딸 결혼식이 있었다. 평소의 생각보다 일찍 출발했는데 차가 밀리는지라 11시 30분이 지나가고 있었다. 혼주에게 눈도장을 찍어야 하는 나는 하는 수 없이 예식장 앞에서 불법 유턴을 했다. 순간 '웽' 하는 경적소리와 함께 10여명의 경찰과 전경들이 나타나 내 차를 가로막았다. "불법 유턴하셨습니다. 면허증을 제시해 주십시오." 내가 면허증을 내밀자 "벌점 15점에 범칙금 6만원입니다."라고 전경이 내게 스티커를 발부했다. 나는 한 동안 어이가 없어 말을 하지 못했다. 그리고 스티커를 받아 쥔 나는 "아니, 경찰관 집 결혼식에 오는데 좀 봐주던지, 눈에 잘 보이게 나와서 계도를 하든지 하지 숨어서 이게 뭐하는 거예요?" 울화가 치밀었으나 그 정도만 따지고 고분고분 딱지를 끊었다. 그날 나는 그 혼주에 대해 축복의 마음보다 불쾌한 마음이 앞섰다. 숨어서 딱지 끊는 구태의 경찰이 계속 존재하는 한 신뢰받을 수 있는 선진 경찰은 못 될 것 같다. 시를 읽으면서 비로소 안 이야기이지만 윤 시인은 젊어서 절에 들어가 있었나 보다. 그가 절에 들어간 후 그의 아내는 "허리가 굽어지는 줄 모르고 뼈 삭도록 일"을 하고 그때 '성경과 반야심경'을 접하면서 더욱 큰 그릇을 지닌 사람이 되어 마침내 시인이 되었나 보다. 마치 필자의 아내가 내가 그 어려운 세상살이에 시를 쓰도록 용인해주는 기간 동안 식당일, 공장일, 병원일 등 허드렛일을 하며 살림을 살아준 것 같이 말이다. 이제 윤창현 시인도 안정을 찾았고 나도 유명시인 반열에 들으며 문단의 평가를 받고 있다. 법관이 되거나 시인이 되거나 무엇을 추구한다는 것은 도처에 숨어 마음에게 스티커를 발부하는 사람들이 있다는 것일 게다. 법관이 되려다 포기하고 "꿈과 현실의 사이에서 환멸이 느껴질 때마다 / 바보처럼 하늘의 푸름에 한탄하"는 한 가장을 물끄러미 바라본다. 좋은 법이란 불법유턴하는 사람들에게 숨어서 스티커를 발부하는 것이 아니라, 불법유턴이 일어나지 않도록 도로체계를 바꾸는 것이다. 자식에게 법관, 변호사가 되기를 바라는 부모보다 자식이 좋아하는 일을 하며 살기를 바라는 부모가 많아지는 세상이 좋은 세상이다. 그래서 나는 무엇이 되기보다 어떻게 사느냐에 가치관을 둔 사회를 꿈꾼다. 십여 년씩 공부를 하다 불법 유턴해 스스로에게 스티커를 받고 연착륙하는 인생이 양산되지 않는 사회를 꿈꾼다.

온고지신溫故知新하고 법고창신法古創新한다는 말이 있다. 옛 것을 지켜 새것을 지향하니 그의 시는 어른들이 보기도 좋고 젊은 사람이 읽기도 좋다. 노자老子의 시작 편인 도덕경道德經에는 도가도비상도道可道非常道라는 말이 나온다. 이 말은 두 가지 의미로 해석되는데, 하나는 '도를 도라고 말하는 것은 도가 아니다.'라는 뜻이고 또 하나는 '길을 길이라고 하는 것은 길이 늘 길이 되지는 않는다'는 뜻으로도 쓰인다. 두 가지가 모두 윤창현 시인의 시를 두고 한 말 같다. 윤창현 시인은 시에 있어 의미를 찾고자 할 때 거창한 것에서 취하지 않는다. 그는 작은 손수레나 조약돌, 지게 등 하찮은 것에서 의미를 취한다. 그러기 때문에 그는 시를 시시껄렁한 데서 찾아 시답지 않은 사물을 시답게 만든다. 그는 곧고 넓은 길로 나가면 오솔길의 아기자기함을 찾을 수 없게 됨을 안다. 그의 실에는 사시사철 변화가 있다. 그의 길은 제때 꽃을 피우고 열매를 맺으며 익히고 떨어지며 기다리는 등 맡은 바 소임을 다한다. 그의 마음길 양 옆으로 난 풀꽃과 자갈과 풀벌레를 통해서본 그의 시는 반야심경이 울려 퍼지는 산사를 껴안은 산자락이었다.

등단 10년이 훨씬 넘어 내는 첫 시집으로의 여행은 타임머신을 타고 과거와 미래를 넘나드는 신선한 충격이었다. 그의 시를 만나는 독자들은 신식과 엔틱, 도시와 농촌, 세련과 투박, 우람과 소박을 모두 여행할 수 있어 좋겠다. 곧 그의 어머니께서 팔순이시란다. 오래오래 건강하시길 기도드린다.

윤창현 시집

아버지의 자전거

초판인쇄일 2013년 11월 25일
초판발행일 2013년 12월 02일

지은이 : 윤창현
발행인 : 김순진
주 간 : 지성찬
부주간 : 권순진 임영석
편집장 : 전하라
디자인 : 김초롱
펴낸곳 : 문학공원
등 록 : 2004년 3월 9일 제6-706호
주 소 : (우편번호 130-814)서울 동대문구 난계로 26길 17호
삼우빌딩 C동 302호 스토리문학사
전 화 : 02-2234-1666
팩 스 : 02-2236-1666
홈페이지 : http://cafedaumnet/yob51
이메일 : 4615562@hanmailnet

※ 책값은 뒤표지에 있습니다.